U0825636

薯界风云

马铃薯淀粉产业激荡发展三十年

主　　编　周庆锋
执行主编　张　煜　高　瑞

中国轻工业出版社

图书在版编目（CIP）数据

薯界风云：马铃薯淀粉产业激荡发展三十年 / 周庆锋主编. —北京：中国轻工业出版社，2021.6
ISBN 978-7-5184-3499-2

Ⅰ. ①薯… Ⅱ. ①周… Ⅲ. ①马铃薯—薯类淀粉—食品工业—产业发展—研究—中国 Ⅳ. ①F426.82

中国版本图书馆CIP数据核字（2021）第089916号

责任编辑：江　娟　靳雅帅　　责任终审：劳国强　　整体设计：锋尚设计
策划编辑：江　娟　靳雅帅　　责任校对：晋　洁　　责任监印：张　可

出版发行：中国轻工业出版社（北京东长安街6号，邮编：100740）
印　　刷：艺堂印刷（天津）有限公司
经　　销：各地新华书店
版　　次：2021年6月第1版第1次印刷
开　　本：787×1092　1/16　印张：15.75
字　　数：240千字
书　　号：ISBN 978-7-5184-3499-2　定价：198.00元
邮购电话：010-65241695
发行电话：010-85119835　传真：85113293
网　　址：http://www.chlip.com.cn
Email：club@chlip.com.cn
如发现图书残缺请与我社邮购联系调换
201210K1X101ZBW

《薯界风云·马铃薯淀粉产业激荡发展三十年》

编委会

序一

为“薯”立传　功德无量

一直以“土豆记者”立身立命的张煜先生，在马铃薯行业享有盛名。

出身于黄土高原的他，与“洋芋”（西北地区对土豆的称呼）有着深厚的渊源。他多年来一直以宣传、推广、促进马铃薯产业为己任，走遍了全国大大小小的马铃薯产区，各种门类的薯类加工企业和与产业相关的各级科研院所，发表了数百篇与薯相关的报道和文章，为推进中国马铃薯产业的发展做出了杰出贡献。因而，也是我由衷敬佩的有才华、有眼界、有毅力、能脚踏实地干“土”事业的学者之一。

在年初的工作交谈中，张煜先生谈起了一个重要的话题：中国的马铃薯加工产业跌宕起伏、迎风破浪，走过了艰难曲折但是成果辉煌的三十年，应该在适当时，给予总结、分析、归纳、记载，为产业立言，为成果立志。闻此高论，深以为然。

确实，中国马铃薯产业的起步、发展是非常艰难的。从四百多年前，荷兰人侵占台湾而带入我国，马铃薯因为其“土”，一直难登大雅之堂，仅是作为劳苦大众果腹的粮菜兼用之物。后来人们发现了可提取淀粉的功能，也仅是制作“三粉”（粉丝、粉皮、粉条）改善口感而已。中华人民共和国成立以来，一是人多粮少的国情，以粮食为原料的加工产业严格受到限制；二是对土豆的忽视，一直作为“小作物”，缺乏政策引导和扶持，马铃薯这一重要经济作物在欧美早已发展成支柱产业的宝贵财富一直被埋没。

“是金子早晚要发光的。”1986年国家“七五”计划重点项目《黄土高原地区综合治理经济发展规划》拉开了这一产业开发的序幕。由国家计划委员会、中国科学院自然资源综合考察委员会相关专家组（郭绍礼为组长）通过一年多的深入考察研究，提出了对缺乏工业资源的黄土高原地区经济发展的一项重要建议：开发利用这一地区的丰富资源——马铃薯。参照欧美地区马铃薯种业发达、加工业发达、产业链长、经济附加值高的成功经验，通过精心规划、政策引导和扶持，尽快形成独特的、规模化的优势产业带。这一科学战略的提出，吹响了中国马铃薯产业开发的号角！

马铃薯生长在北纬35°~50° 适宜的土壤和气候条件下，喜沙质土壤、光照强、昼夜温差大、气候冷凉的地区。因而具备工业化加工基础的大规模产区有限，主要为中国、欧盟、美国、俄罗斯等。其中中国的种植面积和总产量均居世界第一位，这一长期被忽略的产业优势有了规划的引导和国家政策的扶持，迅速地成长和发展起来。

20世纪80年代中后期，宁夏、甘肃、内蒙古等地区先后建设了有简易机械设备的小型马铃薯淀粉加工企业，黑龙江也将日伪时期建设的三家以半机械式、手工为主的小淀粉厂升级改造成为以简易机械为主的加工厂。1988年，国家机械工业部、外经贸部以易货贸易形式，从波兰引进了三条世界中等工艺技术水平的集锉磨粉碎、离心分离、洗涤、真空脱水、热气流烘干工艺的成套淀粉生产线，拨给宁夏西吉县、隆德县和内蒙古和林格尔县。从此开启了中国现代化马铃薯加工产业的先河。

此后三十年，凭借世界领先的经济优势、市场优势和国家陆续实施的支持农产品加工、产业扶贫、西部大开发等政策优势，各个有资源的省份，纷纷掀起建厂热潮。特别是对欧盟马铃薯淀粉“反倾销”“反补贴”贸易救济案件成功后，从2006年开始，建厂速度加快，每年新增产能10万～20万吨。到2020年建成标准生产线的企业已达120多家，产能已达200多万吨，超过了欧盟发展一百多年的产业规模。

与此同时，企业生产的工艺技术水平和产品质量水平也在不断进步和提升。1996年，内蒙古华欧淀粉公司率先引进了两条世界领先的瑞典拉尔森全旋流、全自控、全密闭、全不锈钢的成套生产线；1997—1998年，又有云南润凯、大兴安岭丽雪公司引进了荷兰豪威公司和美国道尔公司的全旋流生产线，中国的马铃薯淀粉生产开始与世界同步。

随着加工业的蓬勃发展，相关的国产机械设备制造业也开始快速生长。从20世纪90年代开始，立足于学习、消化欧洲标准生产线的高起点，结合中国马铃薯产区的具体特点，先后有北京泰德康、内蒙古力源、博思达等设备厂，开发出了适用价廉的国产生产线，并且迅速普及推广。进入21世纪后，随着工艺技术和加工装备水平的提升，又先后涌现出哈尔滨科华、宁安机械、郑州精华、湖北山洪等一大批国产设备生产企业。这些企业充分发挥中国人的聪明才智，对豪威、尼沃巴等传统的欧洲工艺设备进行了改进，在提取率、节水节能和降低成本等方面取得显著优化成果。产能和产品质量都达到了世界先进水平。

三十年弹指一挥间，中国的马铃薯加工业产业从无到有，从小到大，从粗到优，称得上波澜壮阔、可歌可泣。在第一代创业人已凋零，第二代兴业人还年富力强，第三代发展人意气风发的时候，梳理总结一下创业、兴业的历史过程，认清得失，积累经验，以利再战，确实很有必要。

随着21世纪的来临，我国农业发展进入了历史性的新阶段。面对加入WTO的客观现实，我国农业和农民面临着新的形势、新的需求、新的选择、新的挑战。国际化和市场化的双重作用使得我国传统的农业结构必须进行战略性调整，这为我国的马铃薯产业迎来了难得的机遇和挑战。马铃薯由于地域性、鲜活性等条件制约，在亚太地区尚无对手能与我竞争，因而将使马铃薯产业成为具有国际竞争力的农业产业。

经过三十年的创业和发展，我们打下了一定的基础，但是作为世界第一的马铃薯生产大国，与世界先进水平相比，我们的产业化水平仍然很低，无法满足社会发展和工业化需求，主要表现在以下几个方面。

1. 马铃薯生产水平低，效率低，缺乏竞争力。品种以菜用薯为主，淀粉含量低。欧洲加工薯淀粉含量在20%左右。我国西北、西南产区为15%~16%，华北产区为12%~14%，而东北产区仅为11%~13%。产出率严重偏低，给加工产业造成影响较大。以一个年产万吨的工厂计，用16%的原料比用14%的原料可节约8000吨原料。

2. 品种落后，工业薯种及脱毒种薯推广面积小，造成单产水平低，且病害严重。欧盟国家亩产3～4吨，而我国东北、西南产区为1.5吨/亩左右，华北、西北产区仅为0.8～1吨/亩。而且带病率普遍在30%～40%，直接影响薯农和企业的利益，影响着市场的竞争能力。

3. 种植期晚、生长期短。种植零散，不集中连片；很少使用机械作业，种植收获困难；种植方式粗放、落后、靠天吃饭；交售、运输困难，流通体系不健全；价格不稳定，不同产区差别较大等因素，也影响着马铃薯产业化的良性发展。

4. 马铃薯加工利用水平低、增值率低、产业链条短，与其应有的经济价值有相当大的差距。马铃薯作为世界性的优良经济作物，在食品及工业加工领域具有极大的开发价值。首先，体现在加工面广，欧盟、美国、日本等发达国家直接以马铃薯为原料加工的各类食品有300多种，制成淀粉、各种类型的变性淀粉及淀粉深加工产品更达上千种；其次体现在加工转化率高，各发达国家马铃薯产量虽然有限，但其大部分用于加工增值，如荷兰加工率占60%，美国占58%，英国占40%，法国占59%，而我国加工率只占12%，绝大部分用于食用和简单加工（如饲料、粗淀粉、粉条等）；第三，体现在增值大，以马铃薯产值计，简单食用为1元/千克，工业加工后则大幅增值，淀粉为2倍，全粉为4倍，变性淀粉为5~10倍，薯条、薯片为20~30倍。

5. 人均生产、应用总量低。由于历史传统和工业水平不一，世界人均马铃薯消费量在发展中国家和发达国家有很大的差距。美洲人均63千克/年，欧洲人均68千克/年，亚洲人均15千克/年，非洲人均8千克/年，世界平均消费量为28千克/年，而中国为16千克/年，处于下游水平。

从上述分析不难看出，我国马铃薯产业的差距和不足。产业化水平低，一方面造成巨大的资源浪费，制约着经济发展的步伐，对此，我们要有清醒的认识。另一方面，也预示着中国马铃薯加工产业具有巨大的发展空间和市场潜力，具有旺盛的生机活力。

"世上无难事，只要肯登攀。"我们要瞄准世界产业发展趋势，一代接一代地奋发努力，争取在下一个三十年，实现掌握世界马铃薯淀粉市场主导权的宏伟战略。

衷心感谢"土豆记者"张煜先生为中国马铃薯淀粉产业立言立传，实乃无量功德。

谨为序。

中国淀粉工业协会马铃薯淀粉专业委员会会长

周庆锋

序二

三十年磨一剑　风雨见彩虹

三十年前，我国马铃薯淀粉加工产业的序幕徐徐拉开，从无到有、从小到大，而今，正式步入而立之年。时间很短，却也因此更加波澜壮阔、风光无限。

我国马铃薯淀粉加工业起步较晚，20世纪90年代初，我国马铃薯粗淀粉总产量不到3000吨，2020年仅精制淀粉就接近了100万吨，实现了飞跃式增长。三十年巨变，中国马铃薯淀粉加工业从最初产能、生产力、技术设备均落后的手工作坊式生产，逐步发展成为马铃薯淀粉消费量80多万吨，“三粉”（粉丝、粉皮、粉条）消费量40万吨，马铃薯淀粉及淀粉制品年产值100多亿元，已成为全球第一大马铃薯淀粉生产国。与此同时，马铃薯淀粉加工业的快速发展，促进了我国食品、饮料、医药、生物、化工等领域产业的进步，为我国农业、农村经济的发展，以及提高农民收入做出了突出贡献。

短短三十年时间，发展速度之快，活力之旺盛，可喜可贺。一代又一代平凡而伟大的匠人，初心从未改变，也从未停止。凭着他们火热的年华，满腔的热情，娴熟的技艺，勤劳的双手和辛勤的汗水，讲述着一个中华民族淀粉加工领域的动人故事，足以在马铃薯淀粉加工业发展史上留下精彩的一笔。

当今世界，正面临百年未有之大变局，各种矛盾和冲突不断，国际经济竞争加剧。面对新形势新变化，党中央制定了加快构建国内国际双循环新格局的战略。站在过往三十年发展的肩膀上，我们的产品生产与销售要走差异化、定制化服务道路，满足人民群众日益多样化、个性化、高端化、营养健康的消费需求；要提升我们的智能制造、绿色制造、服务型制造的制造水平，进而提升要素投入质量、产品供给质量和产业发展质量；要转变我们的发展方式，延长产业链条，走出一条“公司+合作社+基地+农户”的产业模式，带动农民增收致富，分享增值服务，推进产业链由中低端向高端迈进。

在波涛汹涌的世界经济大潮中，我们的马铃薯淀粉企业要准确识变、科学应变、主动求变，用好国际国内两个市场、两种资源，形成以国内大循环为主体、国内国际双循环相互促进的新发展格局，迎接马铃薯淀粉加工行业的新变革、新未来、新时代。

中国淀粉工业协会秘书长

魏旭明

目　录

01
历史篇

——来华四百年

安第斯山脉横亘在南美洲西岸，北起巴拿马，南至智利，绵延数千公里，纵贯南美大陆，俗称“南美洲脊梁”。安第斯山区气候寒冷，土壤贫瘠，水资源匮乏。就在这种恶劣的自然环境中，生长着一种营养丰富、适应性极强的坚韧植物——马铃薯。

第一节　马铃薯传入中国

马铃薯原产于南美洲安第斯山区，大约8000年前，安第斯山脉的印第安人驯化了茄属块茎植物马铃薯，从此拉开了人类食用马铃薯的序幕。

古老的印第安人认为马铃薯有魔力，不但种马铃薯、吃马铃薯，还用洗干净的生马铃薯擦头，据说可以缓解头痛；还有人把马铃薯切片敷在断骨上治疗骨

安第斯山脉的彩色马铃薯

折；出远门的人更是随身带上好几颗马铃薯，不光当干粮，还是护身符，相信马铃薯可以让他们免受风湿之苦。伴随着印第安人的生活，马铃薯在南美洲一直绵延生长了数千年，却不为外界所知。

直到1532年，西班牙航海家弗朗西斯科・皮萨罗抵达安第斯山地区，并将马铃薯作为一种“战利品”带回了欧洲。从此，马铃薯开始了自己的世界之旅和拯救人类的故事。

历史学家威廉・麦克内尔曾说：“马铃薯对世界的意义在于它养活了更多的人。”

17世纪初，爱尔兰成为第一个将马铃薯列为农作物的欧洲民族。爱尔兰国土多为山区，高寒且土地贫瘠，不适合其他农作物的生长，但对马铃薯而言就如回到家乡一样。爱尔兰人对马铃薯的重视，马铃薯给予了丰厚的回报，1762年爱尔兰只有110万人，到1801年时全国人口达到了520万，人口增长了近4倍。欧洲人感叹说：“是马铃薯填饱了爱尔兰人的肚子。”

1756年，欧洲“七年战争”爆发，作为主要战争参与国，普鲁士王国曾多次遭受同盟国法国、奥匈帝国和俄国入侵。粮食作物，尤其是地表作物被严重摧毁，幸运的是，深藏于地下的马铃薯却躲过了劫难，并帮助普鲁士人顺利度过了食物紧缺的战争岁月。看到马铃薯在普鲁士战后恢复中起到重要作用，该国开始采取有效措施发展马铃薯种植，以应对灾年和战争。

就这样，马铃薯在欧洲站稳了脚跟，并逐步向世界主粮的山峰攀爬。

据相关史料介绍，马铃薯在我国已有400多年的栽培史。那么，马铃薯到底是何时通过何种途径传入我国的呢？

据考证，马铃薯是通过三到四种路径传入我国的。

第一种路径：16世纪中叶，可能由荷兰人从海路引进京津及华北地区。当时，北京是全国政治、经济和文化中心，外国的政治家、商人、传教士纷至沓来，特别是荷兰使臣经天津入京觐见皇帝，可能会把马铃薯作为珍贵礼品奉献。

明万历年间蒋一葵撰写的《长安客话》中记述北京地区种植的马铃薯名为

"土豆"。文章描述："土豆，绝似吴中落花生及番芋，亦似芋，而此差松甘。"据《古籍书目》注释，《长安客话》所记述的为明代中叶北京城郊史迹。明代中叶应在1500—1550年。因此，可以认为马铃薯引种北京的下限时间应在1550年以前，距今已有400多年。

李时珍在《本草纲目》中把马铃薯称作土卵、蔓生、如芋，并说"以灰汁煮食之，肉白皮黄……也可蒸食。"徐光启撰写的《农政全书》中对马铃薯这样记述："土芋，一名土豆，一名黄独。蔓生叶如豆，根圆如鸡卵，肉白皮黄……煮食、亦可蒸食。又煮芋汁，洗腻衣，洁白如玉。"

康熙二十一年（1682年）编纂的《畿辅通志》物产部中记述："土芋，一名土豆，蒸食之味如番薯。"乾隆四年（1739年）编纂的《天津府志》记述："芋，又一种小者，名香芋，俗名土豆。"乾隆二十七年（1762年）的《正定府志》物产部记述："土芋，通志俗呼土豆，味甘略带土气息。"由此可见，明、清朝时，马铃薯已经是北京及附近州县普遍种植的农作物了。

第二种路径：由荷兰人从东南亚引种至台湾，尔后传入福建、广东等沿海各省。劳费尔所著的《美洲植物的传播》一书中谈到，荷兰人斯特鲁斯1650年访问台湾时看到当地人种植马铃薯。当时（1622—1662年）的台湾受荷兰的殖民统治，故时人称马铃薯为荷兰薯；或由荷兰人从爪哇引入，又称为爪哇薯。台湾与闽粤地区交往频繁，可能将马铃薯从台湾引入沿海地区种植。

康熙三十九年（1700年）福建《松溪县志》食货部记述，康熙十八年县府刊布文告，晓谕民众种植马铃薯，并称当地种植马铃薯"菜依树生，掘取之，形有大小，果如铃，子色黑而圆，味苦干。"乾隆二十五年（1760年）的《台湾府志》中还称马铃薯为荷兰豆。《兴化府莆田县志》中谈到马铃薯："近有一种，来自台湾，形似莱菔，肉松而色黄，味同甘薯。"由此可见，福建人是在种植甘薯之后认识马铃薯的。

此外，我国17、18世纪的文献中，四川、陕西、甘肃、云南、湖北等省方志中记述马铃薯的最多。由此可推出第三和第四条路径。

第三种路径：西域陆路传入我国。17世纪中期，西班牙人把马铃薯携带至印度，再由西域往来的商旅通过陆路传入我国。《天水县志》物产蔬菜类记述："马铃薯俗称洋芋，又名蹲鸱。"

也有学者认为，西北路径是由晋商自俄国或哈萨克斯坦引入，途经内蒙古、陕西、山西北部一带，由于气候适宜，种植面积迅速扩大，尤其清中叶时山西有"薯田千里"的壮观景象。

第四种路径：西南茶马古道商旅带入我国。17世纪，荷兰人把马铃薯传入新加坡、爪哇等地，我国商旅或从西南茶马古道将马铃薯引入我国云、贵、川地区。

不管是哪种路径，马铃薯传入我国后，很快成为了当时老百姓重要的口粮，为解决其时的粮食安全及温饱起到了极其重要的作用。

中国自古以来就是农业大国，马铃薯传入中国后，由于其种植简单、耐旱、耐寒、耐贫瘠、适应性广的特点，在"三北"（西北、华北、东北）及西南边陲的山坡、山坳中广泛种植。

丰收的希望

到了近现代，随着社会经济的发展及种植技术的提高，马铃薯的优势进一步发扬光大。一是种植区域扩大，由气候适宜、海拔1200米左右的马铃薯生长带向高纬度冷凉山区与低海拔气候湿热地区延展；二是种植面积迅速增加，到20世纪20—30年代，我国已在西北、西南及华北、东北地区形成了一批比较集中的马铃薯主产区。据资料记载，1932年山西省马铃薯种植面积已有131.7万亩（1亩≈667平方米），居全国之首；1936年全国马铃薯种植面积已达540万亩以上；新中国成立后的1950年，全国马铃薯种植面积猛增到2250万亩以上；1960年全国马铃薯种植面积扩大到4605万亩；20世纪末，随着我国经济的快速发展，马铃薯种植面积陡然扩大，增至6000万亩；2012年全国马铃薯种植面积为8300万亩，鲜薯总产量9275万吨；2015年全国马铃薯播种面积8277.3万亩，鲜薯总产量9486万吨；2018年全国马铃薯种植面积7216.33万亩，鲜薯总产量达9026万吨，种植面积和鲜薯总产量均居世界第一位。

据联合国粮农组织的统计，截至2020年，全世界种植马铃薯的国家和地区已达148个，约占世界的2/3，总播种面积2.85亿亩，总产量为3亿吨。在全世界所有的粮食作物中，马铃薯的总产量排名第四，仅次于玉米、水稻和小麦。

第二节　亦菜亦粮的营养之王

被誉为“马铃薯推广教父”的法国药剂师奥古斯特·巴曼提耶说：“分布在地球上和水面的无数植物中，也许没有一种比马铃薯更值得人们注重的了。”英国农学家阿瑟·杨说：“马铃薯是‘丰富之根’，可以保证英格兰人免受饥饿。”美国环境史学家约翰·麦克尼尔说：“马铃薯曾经以剧烈的方式改变了世界历史。”

他们之所以给马铃薯如此之高的评价，是因为马铃薯有其丰富的“内涵”，是蔬菜，也是粮食。

另外，世界各国也对马铃薯不吝赞誉：法国人称马铃薯是“地下苹果”，俄罗斯人赞马铃薯为“第二面包”，意大利人美称马铃薯为“地梨”。还有些国家称马铃薯是“生命之果”和“珍贵作物”。

马铃薯含有高品质淀粉、B族维生素、维生素C和矿物质。美国农业部研究中心341号研究报告指出：“作为食品，全脂牛奶和马铃薯两样便可以提供人体所需的营养物质。”

此外，马铃薯的营养成分很有特点，它既可作为蔬菜制作佳肴，亦可作为主粮。一个人每天吃0.25千克的新鲜马铃薯，就能产生100多千卡的热量，而且食用后有很好的饱腹感，所以，马铃薯十分耐饿，在食物匮乏时期完全可单独作为主食。

马铃薯蛋白质含量高，且拥有人体所必需的全部氨基酸。在马铃薯含有的18种氨基酸中，有8种是成年人的必需氨基酸，它们分别是赖氨酸、色氨酸、苯丙氨酸、甲硫氨酸、苏氨酸、异亮氨酸、亮氨酸、缬氨酸，特别是富含谷类所缺少的赖氨酸，因此，马铃薯与谷类混合食用可提高蛋白质利用率。

马铃薯也是所有粮食中维生素种类最全的作物，且其含量相当于胡萝卜的2倍、大白菜的3倍、番茄的4倍，B族维生素更是苹果的4倍。特别是马铃薯中含有禾谷类粮食所没有的胡萝卜素和维生素C，其所含的维生素C是苹果的6倍，每100克马铃薯约含27毫克，在维生素C的指标上，大米、面粉等谷类作物只能望其项背。有营养学家做过实验，0.25千克的新鲜马铃薯可满足一个成人一昼夜消耗所需要的全部维生素。

马铃薯还是一个矿物质宝库。众所周知，矿物质是人体必需的七大营养元素之一。据测算，100克鲜马铃薯中，约含钾342毫克、镁23毫克、钙8毫克、铁0.8毫克、锰0.14毫克、铜0.12毫克、磷40毫克、钠2.7毫克、硒0.78毫克。有些矿物质的含量甚至高出水果几倍至几十倍。富含钾的马铃薯很适合肾病和高血压患者食用。

马铃薯还含有丰富的花青素。生活中常见的马铃薯多为白色、黄色和红色。其实马铃薯拥有五颜六色、绚丽多彩的外表，比如粉色、紫色、黑色、蓝色……我们统称其为彩色马铃薯。这些彩色马铃薯中就含有丰富的花青素。花青素属于类黄酮物质，是一种强抗氧化剂，能清除人体中的自由基。现代医学研究表明，大约90%的老化性疾病都与自由基有关，它会氧化和破坏人体细胞，使人生病、衰老和死亡。花青素可以保护人体免受自由基损伤，且马铃薯中的花青素能被人体100%吸收。

我国中医认为，从“药食同源”的理论出发，马铃薯拥有一定的药用价值。马铃薯中的膳食纤维在根茎类蔬菜中含量较高，常吃马铃薯可促进胃肠蠕动，且膳食纤维有助于降低罹患结肠癌和心脏病的风险；马铃薯钾含量很高，能够排除体内多余的钠，有助于降低血压。同时，每周吃五六颗马铃薯，丰富的钾元素可使人患中风的几率下降40%；马铃薯中含有丰富的维生素B_1、维生素B_2、维生素B_6和泛酸等B族维生素以及氨基酸、蛋白质、脂肪和优质淀粉等营养元素。

现在，在欧盟、美国、日本等国家中70%以上的马铃薯被加工为各种马铃薯食品，例如日本年产马铃薯350万吨，其中205万吨用于加工食品和淀粉，占其总产量的58.6%；法国是快餐用马铃薯泥的主要生产国，早在20世纪70年代初就达2万多吨，现在全国有12家大企业生产马铃薯食品；美国马铃薯总产量的76%用于加工冷冻薯条、油炸薯片、薯饼、薯泥、薯粉等食品。

我国的马铃薯加工转化率较低，约占鲜薯总产量的12%，其中加工转化中的90%主要用于生产淀粉。至于我国最早是什么时期开始将马铃薯加工成淀粉，再将淀粉加工成各类美食，目前尚没有确切的文献记载可考。

第三节　淀粉加工的开端

据资料介绍，马铃薯淀粉最早于17世纪在德国进行生产，当时是采用半机械化手工作坊式加工。机械化的马铃薯淀粉加工开始于1831年的美国，这也是全球第一个马铃薯淀粉厂。大约1880年，美国的马铃薯淀粉厂超过了150家，是美国东北部马铃薯的主要出路之一。现在，美国只有一个马铃薯淀粉厂正常开

从土豆到淀粉

工，这个工厂位于加利福尼亚州，而美国对马铃薯淀粉的需求则主要依靠从德国和荷兰进口。

我国最早的马铃薯淀粉加工始于抗日战争期间。1937—1938年，日本人在黑龙江讷河、依安、明水建了三家马铃薯淀粉厂，采用当时国际上较为先进的半机械化马铃薯淀粉加工技术。这是中国最早的马铃薯淀粉加工厂，也是当时全国仅有的几家马铃薯淀粉加工企业。

其加工工序为：采用水力将马铃薯流送到车间，清洗后，输送带再将薯块送进料仓，用电能驱动的锤片式粉碎机把薯块粉碎，然后运用来回晃动的平筛进行浆渣分离，浆液进入流槽沉淀分离（该工段相当于现在的脱汁站），沉淀后的淀粉加入清水通过3次搅拌、沉淀（该工段相当于现在的精制站）生产为精品湿淀粉，再放入烤盘烘干为成品淀粉。

中华人民共和国成立后，讷河的日本淀粉株式会社被改制为国有的“讷河淀粉厂”。中日关系改善后，1973年讷河淀粉厂对原有工艺进行了升级改进，由半机械化加工升级为全机械化生产。第一，采用较为先进的上料轮对薯块进行清洗上料；第二，从日本引进了碟片离心机，取代了流槽沉淀分离法；第三，引进了三足式离心机进行脱水；第四，采用气流干燥法对精制淀粉进行干燥，每年可产

原料清洗输送

优质马铃薯淀粉8000吨左右，其品质可比肩欧洲产品。

1983年，陕西省清涧县从苏联引进一条全旋流工艺的马铃薯淀粉加工生产线，其工艺为：将土豆清洗干净，磨成浆渣，进入13级旋流器，然后淀粉乳进入精制筛，除去毛渣，再进行脱水、烘干。1990年之后，山西等地又从俄罗斯引进了几条工艺更为简单的全封闭、全旋流马铃薯淀粉生产线。

俄罗斯淀粉加工设备所产淀粉中的脂肪、蛋白质提取不干净，成品中残渣量过大，淀粉品质较差，这也导致机械化的俄罗斯设备及工艺未能在国内实现推广。

在同一时期，西北地区主要采用“沉淀池法”生产淀粉，属于全人工的作坊式加工，其工艺为：将土豆清洗干净，用粉碎机将薯块粉碎，采用卧式毛刷筛进行浆渣分离，再进入池子沉淀，最后将淀粉在打麦场中晾晒。所产淀粉主要用于民间加工粉条、粉皮及凉粉等食品。

20世纪80年代后期，宁夏固原和甘肃定西等地首次迎来了半机械化生产，将薯块粉碎后进入五级粗旋流器浓缩，再进入池子沉淀，接着将湿淀粉用热风炉干燥。这一先进工艺的推广，致使定西、固原两地马铃薯淀粉产量陡然增加，所产淀粉品质也较高。

第四节　现代化加工的引进

1988年，中国与波兰进行易货贸易，通过外经贸部、机械工业部帮助，从波兰引进了三条马铃薯淀粉加工生产线，审批计划在宁夏西吉县、隆德县各安装一条，在内蒙古和林格尔县安装一条。当时，波兰马铃薯淀粉加工工艺设备在世界上处于中等水平，其工艺为：土豆清洗干净后，进行锉磨，采用卧式螺旋沉降离心机将马铃薯汁水分离，再加水进入四级筛分离，蛋白质离心机浓缩淀粉，加水进入精制筛提取细胞纤维，进入三级旋流器浓缩淀粉，最后脱水烘干。

1989—1990年，先后在宁夏西吉县、隆德县，甘肃省陇西县建成了三家淀粉加工厂。其中影响最大的是在西吉县所建的“傻傻集团”，在随后的10多年时间，该集团为马铃薯淀粉加工行业培养了一大批专业人才，大多数为工艺技术专家。今天，依然有很多傻傻集团的“毕业生”活跃在马铃薯淀粉加工行业。

1992年，国内马铃薯淀粉行业的“黄埔军校”——华欧淀粉公司在内蒙古和林格尔县创建，当时名为“和林格尔县马铃薯变性淀粉厂”。1996年，华欧淀粉公司从瑞典全套引进了两条全旋流、全自控、全密闭、全不锈钢的世界顶级马铃薯淀粉加工设备，是国内首家。而后，华欧淀粉公司高歌猛进，引领中国马铃薯淀粉加工业快速发展。在这期间，华欧淀粉公司培养了一大批掌握工艺技术、掌握马铃薯淀粉机械设备制造、掌握淀粉企业管理的人才，现在，从华欧“毕业”的这批学生正成为华北地区马铃薯淀粉机械制造、马铃薯淀粉企业管理等领域的中流砥柱。

1997—1998年，云南润凯公司、大兴安岭丽雪淀粉公司又先后从荷兰豪威公司、美国道尔公司引进了欧洲先进的全旋流工艺生产线。同期，河北围场县双九公司引进了荷兰尼沃巴公司的敞口工艺生产线，整体提升了中国马铃薯淀粉生产的技术水平。

2000年之后，随着价格更加低廉的国产设备的出现，甘肃定西、宁夏固原、河北坝上、山西吕梁以及东北地区雨后春笋般冒出了成百上千家小微型淀粉加工厂。这些小微工厂的特点是投入低、成本低、产量低，所产淀粉品质低，销售价格低，在一段时期内以野蛮生长的方式搅动了全国马铃薯淀粉产业的发展。

2016年以来，随着史上最严格环保法的颁布及排污许可制度的实施，“绿水青山就是金山银山”的理念深入人心，各地政府部门对马铃薯淀粉加工企业废水不做科学处理和环保不达标的企业进行严格管控；与此同时，环保部门加大马铃薯淀粉加工行业环境保护工作推进的力度，支持和鼓励马铃薯加工企业建立与加工规模相适应的污水处理和综合利用基础设施。

大浪淘沙，优者生存。现在，一些没有环保设施的中小微淀粉厂在“环保利剑”下逐步退出了市场和历史舞台。

拓荒牛谱

20世纪80年代中期到90年代末，是我国马铃薯淀粉加工业的初创期。当时以东北、西北、华北、西南产区为主，陆续涌现出一批勇敢的探索者、创业者，他们是开发马铃薯淀粉加工业的拓荒牛，是为行业发展孜孜追求、拼搏奋斗的老黄牛，更是为行业发展做出贡献的孺子牛。现特录于此以志之！

东北产区：孙立国（讷河）、李长春（讷河）、朱永海（讷河）、赵锡安（明水）、朱海龙（克山）、彭忠孝（加格达奇）、周明东（加格达奇）、蔺保华（克山）。

西北产区：魏生强（西吉）、杨世海（西吉）、牛汝林（隆德）、杜天刚（固原）、廖国泰（会宁）。

华北产区：周庆锋（和林格尔）、景三娃（和林格尔）、李文（围场）、赵迎中（武川）、石有（武川）、邢德官（察右前旗）、曾乃迁（凉城）、徐建全（五寨）。

西南产区：李永进（宣威）、何苗（宣威）、杜银仓（宣威）、郭文雨（威宁）、郭小琼（威宁）。

520

02

设备工艺篇

——匠心铸重器

邓小平说：“科学技术是第一生产力！”

对马铃薯淀粉加工业而言，没有机械设备及工艺技术的创造和迭代升级，马铃薯淀粉加工业也就无从谈起。

16世纪马铃薯从南美洲传入欧洲后，伴随着第一次工业革命的兴起，欧洲人就开始利用机械手段从马铃薯中提取淀粉。

17世纪，欧洲已有从马铃薯中提取淀粉的半机械化手工作坊。1883年，欧洲已经制造出了马铃薯淀粉生产的专用设备。

美国的马铃薯淀粉加工开始于1831年，这也是全球第一家工厂化运作的马铃薯淀粉加工厂。大约1880年，美国的马铃薯淀粉厂超过了150家，是美国东北部马铃薯的主要出路之一。

进入20世纪，随着第三次工业革命的蓬勃发展，马铃薯淀粉设备制造业也得到了快速发展，对马铃薯淀粉加工行业具有深远影响的公司也相继出现，譬如荷兰的艾维贝（Avebe）、德国的阿姆斯兰德（Emsland）等公司，它们开始告别传统的生产方式，向全机械化、自动控制方向快速发展。

20世纪80年代后期，欧洲的马铃薯淀粉加工行业已全部采用全封闭、逆流式生产工艺，机械设备全部采用不锈钢制造，且实现了全线生产自动化控制。

第一节　国产设备的缘起

与欧洲相比，我国的马铃薯淀粉加工业及设备制造业的起步就要晚很多年。

泰德康科技集团董事长胡东介绍，从工艺上而言，马铃薯淀粉加工主要经历了以下四个阶段。

第一阶段：原始沉淀法，工艺流程：清洗→破碎→筛分→沉淀→沥水→干燥；

第二阶段：离心生产法，工艺流程：清洗→碎解→立式离心筛分→除砂→碟片离心脱汁洗涤→脱水→干燥；

第三阶段：离心旋流法，工艺流程：清洗→锉磨→卧式离心筛分→除砂→离心机浓缩→旋流站洗涤→脱水→干燥；

第四阶段：旋流精制法，工艺流程：清洗→锉磨→卧式离心筛分→除砂→旋流脱汁洗涤→脱水→干燥。

博思达科技公司董事长马斌认为，中国的马铃薯淀粉加工业也主要走过了四个阶段。

第一阶段，家庭作坊式生产。这一阶段的马铃薯淀粉主要用于粉丝、粉条、凉粉等民间食品的制作。

第二阶段，半机械化、流槽式生产方式。1938年左右日本人在黑龙江讷河市投资建设的中国第一家马铃薯淀粉厂——讷河淀粉株式会社用机械破碎马铃薯，机械分离淀粉与纤维，配套流槽工艺沉淀淀粉，然后进行干燥。

第三阶段，机械化生产。其代表是1983年陕西省清涧县从苏联引进的第一条机械化马铃薯淀粉的投入使用。1985年之后，宁夏西吉县、隆德县及内蒙古和林格尔县等地先后从波兰成套引进半开式、全机械化马铃薯淀粉生产线。1990年之后，山西等地又从俄罗斯引进了几条工艺更为简单的全封闭、全旋流马铃薯淀粉生产线。

第四阶段，全封闭、逆流式带有自动化控制系统生产工艺。1995年，中华人民共和国第一家马铃薯淀粉合资企业——和林格尔县华欧淀粉有限公司成立。当年从瑞典拉尔森公司全套引进了中国第一条全封闭、全旋流、全自动控制系统的马铃薯淀粉生产线。1998年，黑龙江大兴安岭地区、河北围场县、云南宣威地区先后从美国道尔公司、荷兰尼沃巴公司、荷兰豪威公司引进了全封闭、逆流式、全自动控制的马铃薯淀粉生产线。至此，中国迎来了马铃薯淀粉加工业轰轰烈烈的高速发展阶段。

我国马铃薯淀粉加工设备制造业的发展，是随着马铃薯淀粉加工业的发展而缘起的。至今走过了“自主研发”“国产借鉴”和“国产崛起”三个阶段。

欧洲工艺设备的引进，有力推动了我国马铃薯淀粉加工产业的发展，与此同时，也促进了我国淀粉加工设备机械制造业的兴起。从手工作坊式起步，逐渐发展为半机械化流槽工艺，进而升级为全封闭、机械化生产工艺。一路坎坷，也一

华欧公司的瑞典拉尔森精制旋流器

路凯歌。这一时期的典型代表厂家有：哈尔滨松浦淀粉设备厂、中国农业机械化科学研究院（简称中国农机院）、陕西农业机械研究所、辽宁营口淀粉设备厂和林格尔县力源淀粉设备有限公司等。

2000年之后，在充分消化、吸收荷兰豪威公司和尼沃巴公司先进工艺技术的基础上，国内机械设备制造企业又先后开发出了全封闭、逆流式、全自控马铃薯淀粉生产线。这一时期的典型代表厂家有：内蒙古博思达公司、安徽泰德康科技集团、宁安粮油淀粉机械公司、郑州精华公司等。

2005年后，以安徽泰德康科技集团、内蒙古博思达公司为代表的一批国产设备制造企业迅速成长，并针对国内原料的特点，国产设备开始在部分工段进行工艺技术创新，实现了突破式发展，隐隐有赶超欧洲设备之势。

2010年以来，国内马铃薯淀粉产业风起云涌，针对生产期短、原料储存困

昌黎县万博淀粉有限公司淀粉加工车间鸟瞰

昌黎县万博淀粉有限公司鼠笼式清洗设备

精制工段

难、对集中加工和产量要求越来越高等行业特点，各设备制造厂家有的放矢，在加工量上深入钻研，从最初的每小时加工15～30吨马铃薯，发展为现在的每小时加工60～70吨马铃薯。无论从处理量、提取率还是淀粉质量，已经能与进口设备相媲美。至此，进口设备基本退出了中国市场，从而结束了长达30多年完全依靠进口马铃薯淀粉设备的历史。这一时期的代表厂家有：安徽泰德康、内蒙古博思达、湖北山洪、宁安粮油淀粉机械等企业。

2015年之后，国产设备逐步迈出国门，开始与自己的前辈——欧洲企业一起抢滩全球市场。

第二节　国产设备的特点及优势

经过20多年的引进、消化、吸收，国产设备无论从技术还是产品加工精度，都已接近或达到欧洲进口设备标准。与进口设备相比，国产设备还具有以下特点及优势。

1．设备价格低廉、质量稳定、性价比高

同进口设备相比，国产设备最大的竞争力仍然是价格。2000年前后，进口国外一条30吨马铃薯淀粉生产线，仅中间的湿加工单元就需要大约300万美金。而同期国产设备，全套生产线最多600万人民币，仅为进口设备价格的四分之一。但生产出的淀粉质量、工艺提取率和进口设备相差无几，个别指标甚至超过了进口生产线。

2．生产线工艺简单、操作方便、实用性强

国产设备在充分消化、吸收欧洲设备工艺技术的基础上，工艺上也进行了很多改良，譬如控制点更少、工艺更加简单，操作更加容易，对操作人员的要求更低。这些技术改进，非常符合我们的国情和马铃薯淀粉行业的实际情况。

3．设备投资少、生产成本低、产品竞争力强

由于国产设备价格低，新上项目总投资减少，折旧率低，生产成本自然会降

博思达公司设计制造的淀粉提取筛组

博思达公司生产的旋流站

低，利润空间增大，极大地提高了企业和产品的竞争力。

4．维修、维护成本低、售后服务方便快捷

现在国产马铃薯淀粉加工设备除了关键设备的轴承，绝大部分零部件、易损件均实现了国产化。客户采购周期短、成本低，供应商和淀粉厂因为都在国内，距离很近，生产期售后服务非常方便、快捷。而这对于一年只有两个月生产期的马铃薯淀粉厂家而言，无疑是最大的帮助。相比进口设备，具有极大的竞争优势。

此外，随着人工智能技术的发展，国产设备自动化控制程度越来越高。内蒙古中凯自动化技术有限公司董事长师学良介绍，2010年前，国内大多数淀粉生产线以人工操控为主，操作工人主要凭借经验进行生产操作。毋庸置疑的是，人工操作精度差、随机性高，无法对各个工艺控制点实现及时的波动调整和多点关联控制，难以实现不间断精确及实时调控，直接影响了产品质量和出成率，同时，还无形中增加了能源损耗和人力资源投入。

博思达公司生产的淀粉真空脱水机

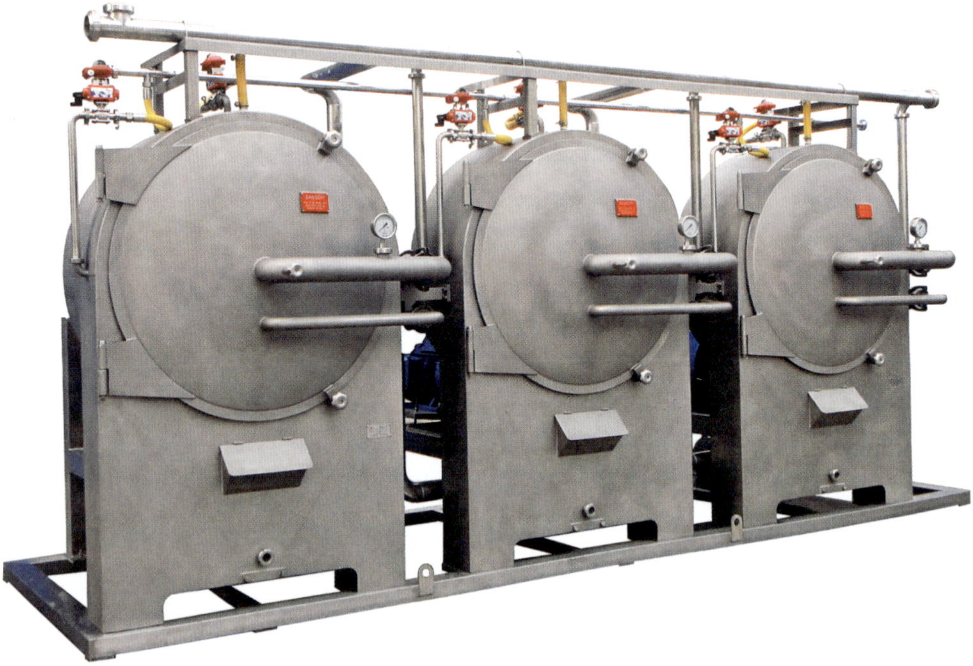

泰德康公司设计制造的离心筛

近年来，随着自动化控制技术和智能化技术的发展推广，很多淀粉加工企业已经全面实现了生产过程控制、生产数据分析及生产过程优化、生产设备保全、产品质量追溯、辅助工厂管理的综合信息化，使企业提高了产品质量、增加了产能、节约了能源、减少了人力投入，并进一步提升了产品质量的竞争力。

泰德康科技集团董事长胡东介绍，经过多年研发和技术革新，目前国产设备还有以下优势。

一是更高的提取率。淀粉综合提取率达到95%以上。实现途径为：锉磨机锉磨效率可达96%~98%；回收旋流站溢流跑粉控制在0.3%以下；气流干燥机采用特殊设计，跑粉量控制在30毫克/立方米。

二是更高的产品质量。确保产品在原料新鲜情况下全部为优级品。实现途径为：采用特殊设计的除砂器并置于锉磨机后，在高效分离沙粒等杂质的同时，保

泰德康公司设计制造的除砂器

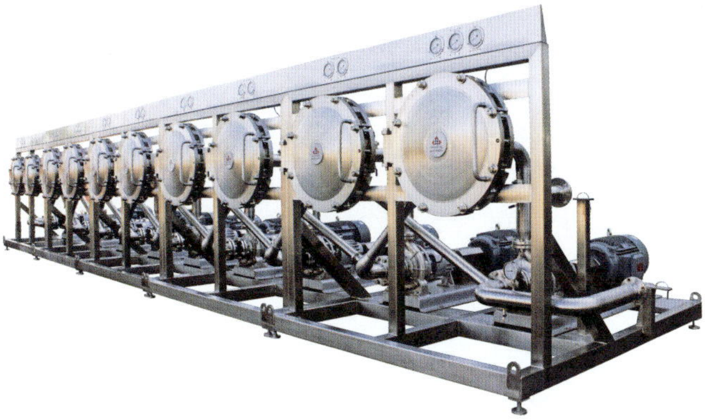

山洪公司设计生产的自清流道式旋流器

山洪公司设计生产的锉磨机

宁安粮油淀粉机械公司设计生产的锉磨机

护其后的离心筛，确保了成品灰分指标；采用最新研制并经过实践检验的高强度耐冲击一体化楔形网筛篮和先进的配有在线正反冲洗的高效卧式离心筛，确保了纤维的有效分离；采用多级（14级）高效脱汁和精制旋流站，确保蛋白质和细纤维的有效分离；采用高效卧式细纤离心筛，确保细小纤维的有效分离；采用带匀料系统的气流干燥机，确保成品水分含量和质量稳定性。

三是更低的能耗。采用系统内循环方式，极大降低了系统水耗；采用系统优化技术，物料快进快出，既保证了产品质量，又节省了电力消耗；采用特殊设计的气流干燥机，经过大量实践检验，能耗可降低50%。

四是更易操作。采用自动控制系统，节省人力，提高可靠性和稳定性；采用旋流站替代碟片离心机，无须大量清洗工作；采用特殊设计的离心筛，可保证连续运行一个月以上无须卸下筛篮清洗，且筛板连续工作两年无须更换。

同时，胡东也坦言，国产设备的技术工艺与欧洲基本保持了同步，但在装备制造方面还存在一定差距。譬如在设备制造的精度、材质、细节、自控水平等诸多方面还与欧洲企业有很大的差距。因此，这些差距给国内企业以鞭策和激励。

宁安粮油淀粉机械公司制造的真空脱水机

第三节　国产设备的未来

拥抱全球，与全世界共享“中国制造”和“中国智造”是马铃薯淀粉加工设备企业的必由之路。

2010年之后，在西北、华北及东北地区，价格低廉、成熟可靠的国产马铃薯淀粉生产线已经实现了大批量的推广使用。近年来，国内部分企业竞相开发出更大规模的生产线，单线产能最大可达到日产200～300吨马铃薯精淀粉，有力地推动了中国马铃薯淀粉加工产业快速地向规模化、集约化方向发展。

与此同时，借助国家“一带一路”倡议，让全球食品机械加工经济互利共赢，通过“中国制造”，与世界食品机械加工市场实现合作、共赢是中国食品机械制造企业的共识。

现在，国产设备成熟可靠、性价比非常高，在东南亚、中东欧、非洲及南美地区等国际市场也已经具备了很强的竞争力，实现了和欧洲老牌厂家同台竞争的局面。其中优秀的出口企业代表有：内蒙古博思达、湖北山洪、安徽泰德康、郑州精华等企业。

湖北山洪集团董事长刘山红认为，中国每年马铃薯淀粉设备加工市场容量为4000万～6000万元，且国内拥有规模专业化加工企业5家，如果均分，每家的份额仅为1000万元，对一家有梦想的企业而言，根本无法远行。与此同时，国外却拥有广阔的市场，仅木薯及下游加工每年就有5亿～6亿元的设备需求。因此，国际市场才是“星辰大海”，国内的企业选择走出去，拓展海外市场是企业寻求生存之道的必然趋势。

据了解，截至2020年，共有来自亚洲、欧洲、非洲、澳洲、南美洲等世界五大洲、40多个国家的海外客户到访中国食品机械制造企业，深入了解了中国食品机械制造的“工匠精神”和“大国重器”。

稻盛和夫先生曾说，细节里藏着神灵。国产设备之所以能得到如此众多的国际客户的信赖，刘山红总结认为，一是经过国际市场的洗礼，国产设备制造企业非常注重设备生产的细节，注重机器本身的精度，可以说是参透了马铃薯、甘薯、木薯三大薯淀粉机械设备的精髓；二是在与国外客户的交往中，不断提升自己，按国外客户最严格的标准来制造每一件设备；三是掌握核心技术。现在，中国规模以上的食品机械制造企业基本都掌握“马铃薯淀粉、木薯淀粉、变性淀粉、淀粉糖浆及木薯粉咖喱”等五大食品加工设备领域的核心技术，在国际同行中也拥有一定的“技术话语权”。

学海无涯，艺无止境。对于未来的发展，业界人士总结为三个“拥抱”：拥抱科技，不断创新迭代；拥抱5G时代，在工艺上向智能化迈进，由“制造”向“智造”升维；拥抱全球，与全世界共享“中国制造”和“中国智造”的魅力。

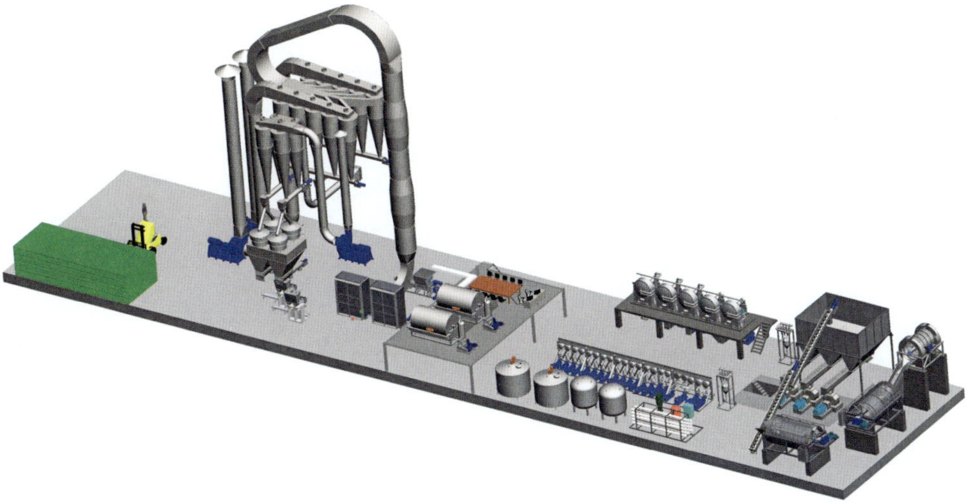

100吨/小时马铃薯淀粉生产线

山洪公司设计生产的淀粉加工设备

03
原料区域篇

——山川皆有薯

马铃薯淀粉行业有句“名言”：得原料者得天下。由此可见，原料的重要意义。

欧洲的马铃薯淀粉加工企业喜欢将车间建在田间地头，一是为了更接近原料产地，缩短运输半径，减少运输成本；二是便于“汁水还田”，将生产马铃薯淀粉所产生的富含氮、磷、钾的有机肥水还于农田，发展农业生产和循环经济。

中国早期建设的很多淀粉企业多选址在县城周边，主要考虑交通便利，但必须要求该县城周边广种马铃薯，因为原料才是核心。近年来，受环保政策的管控及欧洲理念的影响，很多新建企业要么选择在工业园区，便于废水的达标排放；要么选择在农田交错的田地间，更加接近原料产地。

无论何种原因，绕不开的核心考量是离原料基地近点、再近点。因此，我国马铃薯淀粉产业发展30年来，加工企业主要集中在盛产马铃薯的西北地区、华北地区、东北地区及西南混作区。

第一节　西北地区

从地理划分上，西北地区是指新疆、青海、甘肃、宁夏、陕西五省区，因

马铃薯采收

此，本书也按这个顺序对以上省区的马铃薯生产情况做一梳理。

西北地区土壤以黄土、黄绵土、黑垆土、黑钙土、沙土为主。该区域海拔高，气候冷凉，无霜期为110～180天。马铃薯生产一年一季，一般4月底、5月初播种，9月底、10月上旬收获。所产马铃薯品质优良，淀粉含量较高。

西北不仅是马铃薯种植的主产区之一，更是马铃薯深加工尤其是淀粉加工的重要地区。20世纪70—80年代，甘肃定西、宁夏固原等地的老百姓就有用土法加工淀粉生产粉条、粉皮及凉粉的传统。后来随着国产淀粉加工设备的兴起及推广，定西、固原两地建成了几千家大小不一的淀粉加工厂，鼎盛时期各村各社都有马铃薯淀粉加工厂。

这种野蛮生长式的发展，致使生产季节污水横流，薯渣乱堆，且所产淀粉品质低下，不适合用作工业原辅料。2016年之后，史上最严的环保政策出台，“青山绿水”理念深入人心，各地开始整顿“小散乱差”的淀粉加工企业。西北地区尤其定西、固原两地重拳出击，关停了一大批小作坊加工厂，扶持和保留了一批年加工万吨以上、有环境污染治理设施的大型企业。

目前，西北地区具有代表性的大型淀粉加工企业有青海威思顿薯业、甘肃蓝天薯业、新疆天山雪公司、庄浪宏达淀粉公司、宁夏华尔晶公司、宁夏利华公司等企业。

一、新疆维吾尔自治区

新疆维吾尔自治区位于中国西北地区，地域辽阔，面积166万平方千米，是中国陆地面积最大的省级行政区，占中国陆地国土总面积的六分之一。

深居内陆的新疆，远离海洋，四周有高山阻隔，海洋气流不易到达，形成典型的温带大陆性气候。同时，“三山两盆”的构造，不仅让气候复杂多变，也孕育了沃野千里的牧场和良田。

小气候的影响，让新疆很多地区非常适宜马铃薯的生产。现在，乌鲁木齐市、和田地区、喀什地区、克孜勒苏柯尔克孜自治州、巴音郭楞蒙古自治州、博尔塔拉蒙古自治州、昌吉回族自治州、伊犁哈萨克自治州、阿勒泰地区、阿克苏地区、塔城地区、哈密市等地都有大面积的马铃薯。

据新疆农业科学院、兵团第六师农业科研究所两个农业科研机构的统计数据显示，2018—2019年全疆马铃薯种植面积稳定在近50万亩，产量约100万吨，90%为菜用薯，仅10%用于马铃薯淀粉及全粉的加工。

二、青海省

青海省处于世界四大超净区之一的青藏高原上，种植马铃薯具有得天独厚的自然条件。近年来，青海省将马铃薯产业列入“十大农牧业特色优势产业”来扶持，现在，马铃薯产业有了很大突破，已成为青海省农业区赖以生存和脱贫致富的支柱产业。

马铃薯是青海的特色农产品和优势农产品，以品质好、薯块大、病虫少、单产高而知名，具有很强的市场竞争力。近几年来，在农作物种植结构调整中，各地引导农民扩大种植面积，现已成为青海省的第二大栽培作物，常年播种面积490万亩，成为当地农民脱贫增收的主要途径之一。

依托青藏高原独特的地理环境和脱毒技术，青海建立了独特的省、县、乡、村四级统一繁种、统一供种的供繁种体系。主要品种为青薯9号、青薯2号、乐薯1号、下寨65等。青海已形成年生产微型薯2000万粒的能力，全省每年建立脱毒种薯扩繁基地19.9万亩，脱毒化率高达89%，先后选育出高原系列、青薯系列马铃薯品种20多个。特别是青薯2号品种，丰产性好，获得国家科技进步二等奖；青薯9号品种抗旱抗病，在省内外多次创造亩产5000千克以上纪录，在全国7个省区得到审定和认定，在14个省区授权生产推广种薯。四级供繁种体系的建成，降低了种薯生产成本，加快了脱毒种薯推广进程，拉动了农民增收，促进了全省马铃薯产业发展。

近年来，青海省马铃薯脱毒种薯扩繁项目在大通、湟中、互助等13个马铃薯主产县（区）实施，建立马铃薯原种基地2万亩、脱毒种薯扩繁基地13万亩。青海省马铃薯良种繁育的基础设施和生产条件得到很大改善，专业化生产能力显著提高，产业化经营体系更趋完善，社会化服务能力明显增强，为实现马铃薯产业化奠定了良好的基础。

三、甘肃省

甘肃省是全国马铃薯主产区，“千万亩俱乐部”（甘肃、内蒙古、云南、贵州、四川马铃薯种植面积常年徘徊在1000万亩左右）成员之一。

该省马铃薯主产区大多地处黄土高原及其过渡地带，土层较厚，土质疏松，富含钾元素；海拔高，气候冷凉，昼夜温差大；春旱频繁，年降水量420～650毫米，但降水主要集中在7—9月，这种降水分布特点恰与马铃薯生长需水规律相吻合，降水对马铃薯生长需水满足率达62.2%～96.4%。这种独特的自然条件，最适宜发展马铃薯生产，生产的马铃薯块大、干物质含量高、食味上乘，在国内市场上享有盛誉，是国内重要的优质马铃薯产区之一。甘肃马铃薯主产县中的渭源县和定西市安定区，分别是闻名全国的“中国马铃薯良种之乡”和“中国马铃薯之乡”。

近年来，甘肃省依据自然资源优势、气候和土壤生态条件、农业生产水平，以及国内外市场对马铃薯及其加工产品的需求，已初步形成了中部高淀粉型菜用型马铃薯生产基地、河西加工专用型马铃薯生产基地、陇南早熟菜用型马铃薯生产基地和中部高寒阴湿地区种薯繁育基地4大优势区域马铃薯生产基地。

此外，甘肃非常重视马铃薯的品种选育，据介绍，甘肃马铃薯育种工作已有近50年历史，先后选育出陇薯系列、天薯系列、武薯系列、临薯系列、庄薯系列等马铃薯新品种50多个，为全省乃至周边省区马铃薯产业发展起到了极大的推动作用。

四、宁夏回族自治区

宁夏回族自治区种植马铃薯历史悠久，主要集中在中部干旱带和南部山区。

喷灌作业

现在，马铃薯产业是宁夏农业五大战略性主导产业之一，是吴忠、中卫、固原等地应对旱情和农民致富的一个支柱产业，也是不可替代的优势产业，在当地人们的生产、生活和地方经济发展中具有极其重要的地位和作用，被西吉县、海原县等贫困地区农民亲切称为“救命粮”和“金蛋蛋”。

近几年，宁夏全区马铃薯种植面积为360万亩左右，主要分布在固原市原州区、西吉县、彭阳县、泾源县，中卫市海原县，吴忠市同心县、盐池县、红寺堡区及石嘴山市平罗县等地。

宁夏马铃薯主产区土层深厚、昼夜温差大、日照时间长、无霜期长，所产马铃薯干物质含量高，淀粉含量普遍在15%以上，是优质的淀粉加工原料。

马铃薯淀粉行业有句话说：“全国淀粉看宁夏。”优质原料促使宁夏马铃薯淀粉加工业蓬勃发展，目前，全区现有淀粉加工企业27家（2019年统计数据），其中：国家级龙头企业1家、自治区级龙头企业14家；涉及全粉加工企业4家，淀粉加工及“三粉”（粉丝、粉皮、粉条）加工企业27家；全区精淀粉生产能力

打药机作业

达到40万吨、粗淀粉加工能力5万吨，“三粉”年生产量6万吨。

五、陕西省

陕西省是全国马铃薯生产大省之一，位居全国前十位。

近年来，陕西常年种植马铃薯600万亩，主要集中在陕北和陕南地区，分别占全省种植面积的60%和35%，对两地的农业经济发展具有重要作用。

陕西省拥有非常适合马铃薯生长的自然条件。尤其陕北地区无霜期长达140天左右，光照充足，昼夜温差大，土质疏松且富含钾元素，地下水资源丰富且易于开采，是全国五大马铃薯优生区之一。近几年规模化种植发展迅速，已建成集中连片标准化基地16万亩，年产量约60万吨，产业化水平较高，创造了多项全国产量纪录。现在陕北地区种植的马铃薯品种主要有荷薯系列、克新1号、冀张薯8号、青薯9号、冀张薯12号等。

陕南地区的生态条件和马铃薯原产地秘鲁安第斯山脉接近，中高山区土质疏松，降水充足，高海拔地区气候冷凉、病虫害较轻，主要种植一些早熟菜用型马铃薯，主要有费乌瑞它、早大白、秦芋32号、鄂马铃薯5号等品种。

目前全省脱毒种薯繁育体系建设日趋完善，脱毒种薯覆盖率超过了40%。榆林市实施了马铃薯脱毒种薯统繁统供的“一亩田”工程，形成“政府引导、企业主导”的市县乡“三级”种薯繁供体系，实现了12区县全覆盖；陕南地区创新了多项促进提质增效的栽培模式，推广“马铃薯—玉米间套作模式”1.9万亩；汉中市大力发展三膜马铃薯种植，能够在全国马铃薯生产空档期错峰上市，经济效益显著，极大调动了当地农民种植马铃薯的积极性。

第二节　华北地区

华北地区是种薯、鲜食薯、加工薯的优势种植区。该区域基本处于内蒙古高原，气候冷凉，无霜期90 ~ 130天，土壤以栗钙土为主。该区域大部分为一季作区，一般5月上旬播种，9月中旬收获。

山西、内蒙古、河北等华北地区的马铃薯种植面积在四大主产区中尽管不算太大，但在种薯繁育、现代化规模化种植以及深加工等领域远远领先全国，是我国马铃薯产业新品种推广、种植新技术推广、深加工新产品研发及推广的核心区。

华北地区的大型优秀马铃薯淀粉加工企业主要有：华欧淀粉工业股份有限公司、科鑫源食品集团、承德泓辉公司、百顺源淀粉、欣邦农业、鑫华农业、富鑫农业等企业。

一、山西省

山西省是我国马铃薯十大主产省区之一，常年种植马铃薯360万亩左右，现已形成雁门关、太行山、吕梁山三大马铃薯优势生产带。

山西发展马铃薯产业有其独特的自然优势。

首先，全省地处黄土高原东部，纬度偏高，海拔较高，气候多样，中南部温暖湿润，中北部干燥冷凉，地带性气候特征明显，有利于马铃薯的生产。

其次，黄土高原土壤疏松、富含钾元素，海拔高，空气干燥，光照充足，马铃薯晚疫病发生频率低，且有利于马铃薯块茎形成、膨大和淀粉积累。尤其山西北部一季作区的大同、朔州、忻州、吕梁等地的平均海拔大都在1200米以上，年平均温度6℃，无霜期100～140天以上，气候冷凉，昼夜温差大，所产马铃薯具有块大、整齐、表皮光洁、淀粉含量高、商品性好的特点。同时，经国家马铃薯专家认定，山西马铃薯干物质与淀粉含量一般均为22%～24%，高出全国平均水平3～5个百分点，是中国马铃薯栽培最适宜区之一。

再次，双季生产。晋南地区的运城、临汾年平均温度13℃，无霜期180～220天，年平均降雨量500～550毫米，且灌溉条件好，是山西的粮食主产区，一年可以生产两茬，春播一茬，秋播一茬。近年来，晋南地区利用春秋季节气候凉爽和昼夜温差大的特点实现了马铃薯的春秋两季播种，生产反季节马铃薯，填补了马铃薯淡季市场空白。

尽管山西是马铃薯种植大省，但加工转化能力较弱，目前还没有一家设备先进、工艺技术先进、生产能力强的大型马铃薯淀粉加工企业，多为规模小、经济实力薄弱、技术含量低的家庭作坊式加工厂。因此，山西品质优秀的淀粉加工薯大多被内蒙古、河北的企业所采购。

二、内蒙古自治区

内蒙古自治区常年种植马铃薯1000万亩左右，是“千万亩俱乐部”成员之一。马铃薯是内蒙古的传统作物，更是优势作物。民间俗语说：“内蒙有三宝：莜面、山药（土豆）、大皮袄。”由此可见，马铃薯在内蒙古（主要是指内蒙古中部地区）老百姓生活中的重要意义。

内蒙古大部分地区属温带大陆性季风气候，具有气候冷凉，昼夜温差大，雨热同季，降水集中等特点，加上当地土壤多为沙性，春秋多风，蚜虫等传毒媒介少等特殊环境，为马铃薯生长发育提供了得天独厚的优越条件，是全国最适宜种

微型薯繁育（蒙森薯业供图）

马铃薯机械化采收

薯繁育的地区。同时内蒙古地域辽阔，适合规模化、机械化、标准化、水肥一体化种植。

内蒙古马铃薯主要分两大优势种植区，一是中西部阴山沿麓马铃薯种植区，以乌兰察布市为核心，主要包括呼和浩特市、包头市、锡林郭勒盟、赤峰市，辐射鄂尔多斯市。此区域是内蒙古马铃薯的主要产区，种植面积近几年占到了全区的85%以上；其中乌兰察布市是全国马铃薯种植面积最大的地级市，常年种植马铃薯400万亩以上，被誉为“中国薯都”。二是东部大兴安岭沿麓马铃薯优势产区，以呼伦贝尔市为核心，辐射兴安盟种植区，此区域马铃薯种植面积占全区马铃薯种植面积的15%。

内蒙古马铃薯种薯生产和加工业在全国处于领先地位，内蒙古已拥有大型马铃薯种薯生产企业18家（2020年统计数据），微型薯生产能力达到25亿粒左右。

内蒙古现有销售收入500万元以上马铃薯加工企业67家（其中国家级龙头企业2家，自治区级龙头企业10家）。马铃薯鲜薯年加工能力达到300万吨左右。

三、河北省

河北省全省各地都有马铃薯种植，已形成张家口、承德北部一季作区和冀中南、冀东二季作区的种植格局。但主要以张家口、承德最为集中，马铃薯种植面积分别为114.68万亩和78.54万亩。现在，河北全省马铃薯种植面积近300万亩，年总产鲜薯360多万吨，亩产量远远高于全国平均水平。

河北省地处中国东部沿海，属温带大陆性季风气候，四季分明，光照充足。全年平均气温介于−0.5～14.2℃之间。坝上及北部山区是河北省稳定的多日照区，年均降雨量300～800毫米，多集中在7、8月份，无霜期120天左右。河北地貌复杂多样，有高原、平原、山地、丘陵、盆地等类型，坝上高原平均海拔1200～1500米，气候冷凉，适宜马铃薯的生长。根据河北省的地域及气候特征以及马铃薯的种植特点，主要选择种植在北部的坝上地区。

坝上是河北马铃薯的主栽培区，该地区土质肥沃、质地疏松，有机质含量高达3.0%～6.7%，雨季集中于马铃薯现蕾至盛花期，且进入秋季后昼夜温差大，所产马铃薯块茎大，表皮光滑，干物质含量高。现在坝上地区种植的品种主要有V7、V8、冀张薯12号、大西洋、夏波蒂、荷兰15号、中薯系列等。

河北也是马铃薯加工业大省，现有规模以上加工企业21家（2020年统计数据），年加工全粉3万吨，薯条6万吨，淀粉11.92万吨，年消耗原料105万吨，年产值14.1亿元，加工占总产量比例21.8%。全省马铃薯贮藏能力达180万吨，占总产量比例35.6%，其中，气调库贮藏能力40万吨、贮藏窖贮藏能力140万吨。

第三节　东北地区

东北地区是种薯、淀粉加工薯和鲜食马铃薯的优势产区。该区域地处高寒，昼夜温差大，日照时间长，土壤为黑土，适宜马铃薯生长。一般春季4月中旬到5月初播种，9月收获。亩产量高，平均亩产居我国领先地位。

东北地区马铃薯种植历史悠久，我国半机械化、机械化的马铃薯淀粉加工业更是发源于东北。抗日战争时期，日本人就在黑龙江的讷河建造了中国第一家半机械化的马铃薯淀粉厂。

20世纪90年代末及21世纪初期，东北的优势在于原料充足，兴起了一批大型淀粉加工企业，代表性的有：北大荒、丽雪、奈伦等公司。

近年来，随着国家粮食补贴政策的调整，东北地区玉米和大豆种植面积不断增加，马铃薯种植面积逐年减小。与此同时，马铃薯淀粉加工企业受环保政策的影响，一大批“小散乱差”的作坊式淀粉厂被关停。东北淀粉行业开始向规模化、集约化方向发展。

一、黑龙江省

黑龙江省是优质马铃薯种植区，土地资源丰富，土质肥沃，气候冷凉，昼夜温差较大，病虫害发生率低，品种退化慢，是全国优秀的马铃薯种植带之一。2015年前后，黑龙江常年种植马铃薯600万亩以上，是我国十大马铃薯主产区之一。近年来，受农业产业政策调整影响，玉米、大豆种植面积逐年增加，马铃薯种植面积逐年缩小。2020年黑龙江种植马铃薯180多万亩，总产鲜薯220多万吨。

马铃薯在黑龙江广泛种植，几乎各市、县都有分布，但主要产区集中在松嫩平原北部地区和北部大小兴安岭地区，包括齐齐哈尔市北部的讷河、克山、克东、依安、拜泉、海伦和黑河市南部的嫩江、北安、五大连池等市、县及大兴安岭地区，这些地区不仅是马铃薯集中产区，也是全国重要的种薯基地。

发展马铃薯产业，黑龙江有其独特的优势。一是种植优势，产量高。全省属冷凉气候，降水量、有效积温、无霜期都非常适宜马铃薯生长。特别是七、八月份雨热同季，昼夜温差大，有利于马铃薯块茎积累和膨大。现在全国马铃薯平均单产水平为1.1吨，而黑龙江平均单产已经达到1.7吨左右，最高单产达到3吨以上。二是品质好。黑龙江土质肥沃，耕层深厚，生态环境优良，化肥、农药施用量少，适合发展绿色有机马铃薯种植，产品质量安全水平高。三是种薯优。黑龙江马铃薯病毒传播媒介少，种薯退化慢，有利于脱毒种薯繁育。此外，在种薯繁育方面，黑龙江拥有雄厚的科研优势。该省设有国家脱毒马铃薯种薯质量监督检测中心、国家马铃薯改良中心和国家马铃薯种质资源保存库，科研支撑基础坚实。黑龙江省农业科学院、东北农业大学、八一农垦大学等省级科研院校及大兴安岭农林科学院等地方科研单位的研发、生产力量雄厚，具备马铃薯脱毒、检测和脱毒苗、微型薯繁育能力，培育出了克新系列、东农系列等共计29个自主知识产权优良品种，广泛用于生产，占全国马铃薯种植面积的1/3以上。

目前，全省规模以上（年加工5000吨精淀粉）马铃薯加工龙头企业已发展到10家，全省精淀粉加工能力达到30万吨。此外，加工方面在保持传统的粉条、粉丝生产的同时，重点开发精淀粉、变性淀粉、水晶粉丝、五谷粉、马铃薯蛋白、薯渣饲料等。

二、吉林省

吉林省发展马铃薯产业有着得天独厚的自然条件和气候条件。广袤的松辽大平原，土壤疏松，土质肥沃，早春温度回升快，六七月雨量充足,昼夜温差大，气候、土壤特点非常适合马铃薯的生长。这些有利因素为吉林省马铃薯产业发展提供了广阔发展空间。

近年来，吉林常年种植马铃薯220万亩左右，并形成了五大主产区：松原、四平、长春、白城、延边占全省播种面积的70%左右。其中松原、四平、长春、白城地区为商品薯（菜薯、加工原料薯）基地，该地区具有适于马铃薯生产的沙壤土和气候条件，所产马铃薯不但表皮光滑、淀粉含量高，而且薯块腐烂率和虫食率低。东部山区的汪清、图们、长白等地气候冷凉，适合种薯繁育，现已建立了天然的优良种薯繁育基地。

吉林省马铃薯主要以露地种植为主，主产区地膜覆盖种植模式逐年增加，占

微型薯生产

总种植面积的30%以上。覆膜种植且多为膜下滴灌种植模式。马铃薯种植者以新型经营主体、合作社、种植大户、家庭农场为主。多为集中流转土地，连片种植，实行机械化耕作。近年来，马铃薯产业技术体系通过广泛的技术培训和重点扶持马铃薯新型种植主体，重点开展了“水、肥、药”节本增效等关键技术示范与推广，通过减少化肥和农药的施用量，减少生产成本的投入，增效农民经济效益的目的。并利用种植大户、专业合作社、家庭农场等新型经营主体的示范带动作用，辐射影响周边的种植农户，在马铃薯主要产区基本实现了绿色、高产、增效的目的。

吉林马铃薯加工业较为薄弱，原有粉坊2万余个，2018年以来受环保政策的管控多处于关停并转状态。一直以来，吉林缺乏大型龙头加工企业的带动作用，农户种植马铃薯的积极性不高，导致种植业发展较为缓慢。

三、辽宁省

辽宁省位于东北地区南部，马铃薯种植分为一季作区和二季作区两个栽培区，常年种植马铃薯130万亩，主要分布在朝阳市建平县、葫芦岛市绥中县、铁岭市昌图县、阜新市、本溪市、新民市和庄河市等地。

一季作区马铃薯种植面积占全省马铃薯种植面积的20%左右，种植方式以裸地种植为主。一季作区种植品种日益丰富，主要为冀张薯12号、冀张薯8号、费乌瑞它（生育期长）、延薯4号、克新1号等；二季作马铃薯种植面积占全省马铃薯种植面积的80%左右，种植方式主要有三膜覆盖、双膜覆盖、地膜覆盖和裸地种植四种。三膜覆盖和双膜覆盖种植品种为早大白，地膜覆盖和裸地种植品种有费乌瑞它、尤金、中薯5号、富金、早大白、兴佳2号等，辽薯6号、合薯5号等新品种也有少量的推广面积，其中费乌瑞它种植面积最大，占30%左右。

辽宁省春季干旱，因此，省水、省肥、增产、增效的水肥一体化技术在生产上推广面积逐渐增加。2018年以来在绥中、建平、新民、本溪、昌图开展了“马铃薯膜下滴灌水肥一体化高产高效关键技术”示范，在示范区改变了传统种

微型薯雾培法

植模式，将马铃薯单垄裸地种植改为大垄双行膜下滴灌种植模式，种植品种为费乌瑞它，示范区马铃薯产量达到4500千克，比常规种植增产25%以上。

辽宁省马铃薯加工多为家庭作坊式企业，没有大型龙头企业，且原料多以畸形薯、小薯等不能作为商品的残次薯为主，加工产品为粗淀粉和粉条，产品大多在当地市场销售。

第四节　西南混作区

西南地区地势复杂，海拔变化大，气候的区域差异和垂直变化十分明显，年平均气温较高，无霜期长，雨量充沛，适宜马铃薯生产的地区主要分布在海拔700～3000米的山区。

西南的云、贵、川三省都是“千万亩俱乐部”成员，都拥有生态垂直变化的立体农业特点，马铃薯生产都是多季栽培，周年生产。

与此同时，西南的马铃薯主要以菜薯为主，加工转化能力弱，尤其马铃薯淀粉加工业虽然出现过“云南润凯”这家大亨，但也仅仅是“昙花一现”，目前在西南的“三千万亩”种植区域只有零星几家小型淀粉加工厂。

一、云南省

云南省是中国马铃薯的五大主产区之一，马铃薯种植面积在一千万亩以上，是仅次于玉米和水稻的第三大粮食作物。

云南地处低纬高原，呈典型的立体气候，具有与马铃薯原产地南美安第斯山区相似的气候优势条件，生产季节气温相对稳定，生产安全，贮藏费用低，损耗少，是马铃薯最适宜种植区域之一。

现在，云南的马铃薯产业拥有以下优势或特点。

一是气候优势。云南省适宜种植马铃薯的区域大，遍布全省，各季节均有种植，具体可分为高海拔一季春作区、中海拔多季混作区和低海拔冬作区。一季作区主要位于滇东北、滇西北高原，海拔在2400米以上。该区域气候冷凉，自然隔离好，病虫害较少发生，是天然的种薯生产基地；中海拔混作区海拔1400～2400米，生产条件好，栽培水平较高，已形成了春作、早春作和秋作交错的种植格局；德宏傣族景颇族自治州、红河哈尼族彝族自治州、大理白族自治州、普洱市等低海拔冬作区位于亚热带河谷，冬季温暖湿润，非常适宜冬马铃薯的生产。近年来，云南的冬马铃薯面积大幅上升，达到300多万亩，成为全国冬作马铃薯的最大产区。

二是周年生产优势。每个季节都有鲜薯上市，并能根据市场需求在价格高的季节多生产马铃薯，获取最大利润，这是云南或西南混作区马铃薯产业的一大特色。

三是消费优势。云南有句俗语说："吃洋芋，长子弟。"这表达了云南老百姓对土豆的钟爱。其实云贵川三省老百姓都特别喜欢吃马铃薯，云贵川交界处马铃薯主产区人均年消费量在100千克以上，与世界上消费量最大的国家持平。云南全省人均消费量约50千克，是我国人均消费量最高的省份之一。旺盛的消费是云南省马铃薯产业发展的优势和基础。

二、贵州省

贵州省是我国马铃薯生产大省，也是我国最早种植马铃薯的省份之一。据介绍，贵州已有300多年的马铃薯栽培史。马铃薯现已发展成为贵州重要的粮食、饲料、菜用和加工原料作物与特色经济作物。据贵州省农业农村厅统计数据，2019年全省马铃薯种植面积为1130万亩。

贵州省发展马铃薯产业具有生态、区位和质量安全等独特优势。尤其黔西北乌蒙山区的威宁彝族回族苗族自治县、毕节市纳雍县等地，高海拔及冷凉气候特点与马铃薯的故乡南美洲安第斯山区非常接近，特别适宜马铃薯的生产。贵州和云南一样拥有垂直立体气候特点，一年四季均可种植马铃薯，具备周年生产的优势。现在，贵州88个县（市、区）均种植马铃薯，其中42个县（市、区）被农业部规划为国家级优势产区。

近年来，贵州采取多项措施加快马铃薯产业的优质化发展。

一是优化品种结构。长期以来，贵州马铃薯主栽品种大多以“会-2号”和“威芋3号”等老品种为主，质量差、产量低，严重制约了马铃薯产业的快速发展。近年来，贵州采取选育与引进齐步走的方式，创新种质资源，开展优质高产新品种选育。目前，自主选育审定马铃薯品种6个，同时从国内外引进新品种112个；筛选出适宜全省马铃薯冬作区的种植品种5个，春作区种植品种6个，秋作区种植品种2个；通过品种更新换代，全省马铃薯新品种应用率提高到60.6%。

二是完善生产标准化体系。马铃薯在贵州88个区县均有种植，在不同生产区有春作、秋作和冬作3种栽培类型，土壤、气候条件差异大，种植品种不同，关键技术有所差别。贵州马铃薯体系科研团队通过共性技术和关键技术研究、集成和示范，形成了不同生态类型区、多品种、多模式技术规程56项，涵盖种薯繁育、大田生产、采后处理、质量追溯4个环节，初步形成了全省马铃薯全程标准化技术体系。

此外，为解决冬作区前期出苗慢、长势弱，后期易出现青皮薯等问题，科研技术人员经过对比研究，将原来的稻草包芯技术改变为黑膜全程覆盖技术，产量提高了18.2%，商品率提高了8.4%。

目前，贵州有26家食品企业参与马铃薯主食化开发试点项目，加工的产品包括马铃薯米粉、馒头、面条、面包、饼干、薯泥6大类、10余个品种。但缺少马铃薯淀粉、薯条、薯片等大宗产品的加工转化。

总结起来，贵州的马铃薯在面积和总产量均居全国前三，但生产水平较低、加工能力更弱，只是马铃薯生产大省而非产业大省。

三、四川省

四川省若定位为火锅大省，大家没有异议，如果说四川是马铃薯大省，估计很多人还要问一句：“你说的是真的吗？”

其实，“天府之国”四川是妥妥的马铃薯大省，近几年全年种植马铃薯1200

万亩左右，种植面积全国第一，总产量全国第一。

四川马铃薯主产区包括凉山彝族自治州、甘孜藏族自治州、阿坝藏族羌族自治州等海拔1800米以上的高海拔区域，普遍只种一季；四川平原丘陵区、盆周山区及河谷地带则种两季。从2004年开始，四川示范推广冬马铃薯。目前，泸州市、宜宾市、自贡市、内江市、广安市、达州市、巴中市、成都市、资阳市、遂宁市及凉山彝族自治州冬马铃薯种植面积均在10万亩以上。

近年来，四川省先后审定推广了“川芋12”“川芋117”“川凉薯1号”“川凉薯5号”“合作88”“桂农薯1号”等多个自主选育的马铃薯优良品种。这些品种均具有结薯早、产量高、脱毒、抗晚疫病、淀粉含量高、还原糖低、大中薯率高、不与三大主粮和油菜抢水争地等优良特性，且春季、冬季宜栽薯种搭配齐全，还有加工专用型新品种。

四川发展马铃薯产业不仅拥有自然环境优势，还有科研团队优势。多年来，四川省依托中国农业科学研究院、四川省农业科学研究院、国家马铃薯产业技术

盛开的薯花

体系、国际马铃薯中心、四川农业大学等科研单位，实施了马铃薯良种繁育、标准化栽培、种植示范园区建设、种薯全程质量监控体系建设、机械化生产技术、贮藏技术、加工技术、专门人才培育、专业合作社和龙头企业培育等一系列项目。四川省不仅建立了马铃薯产业体系技术创新团队，还有一批国家马铃薯产业技术创新体系岗位专家。现在，通过政府推动、项目带动和科技支撑，四川马铃薯产业形成发展合力，为打造“马铃薯产业强省”夯实了基础。

04 产业政策篇

——暖风凭借力

马铃薯产业及马铃薯淀粉加工业的快速发展，离不开国家在农业、贸易、税收、流通、环保、农产品加工等各方面给予的政策引导和扶持。同时，为了帮助马铃薯加工业的发展，马铃薯主产区的省（自治区）、市、县各级政府还制定了很多因地制宜的帮扶政策及措施。限于篇幅，本书只撷取国家有关部委及省和自治区级政府对马铃薯产业尤其是马铃薯淀粉加工业领域的产业政策。

第一节 《马铃薯加工业“十二五”发展规划》的政策扶持

2011年，为促进马铃薯加工业持续健康发展，工业和信息化部、农业部联合制定了《马铃薯加工业“十二五”发展规划》（以下简称《规划》），对马铃薯加工业由粗放加工、数量扩张的初级阶段转向精深加工、质量提升的发展阶段给予了政策帮扶。

《规划》指出，维护粮食安全为马铃薯加工业创造了良好的发展空间。《国家粮食安全中长期发展规划纲要（2008—2020年）》明确将马铃薯作为保障粮食安全的重点作物，摆在关系国民经济和“三农”稳定发展的重要地位。

同时，经济全球化为马铃薯加工业提供了国际化发展机遇。随着经济全球化的深入发展，一方面，发达国家先进的马铃薯加工技术和装备、新型产品等加速向中国市场推广，并被我国马铃薯加工企业引进、吸收和再创新；另一方面，发展中国家、新兴市场国家对马铃薯精深加工产品和技术需求的增加，为我国马铃薯加工业扩大国际市场、开展国际交流与合作创造了有利条件。我国独特的马

原种种植基地

铃薯资源优势、产业优势在亚太、拉美和非洲地区拥有广阔的市场需求和发展前景。

科技进步为马铃薯加工业转型升级提供了技术支撑。生物技术、信息技术、自动控制技术等新兴技术的推广和应用，将进一步推动马铃薯育种、种植、储运、加工、清洁生产等领域的技术升级，为马铃薯加工业实现可持续发展提供有力的技术支撑。

一、基本原则

1．注重协调发展，强化原料保障

按照良种化、规模化科学种植，集约化、规范化系统管理，智能化、信息化储藏物流的理念和模式升级传统马铃薯种植业及储运业，大力培育集育种、种植、储藏、运输、加工及产品营销为一体的马铃薯加工产业集群，鼓励建设自有原料生产基地或发展订单式农业的运作模式，实现马铃薯加工业与种植业、储运业之间的优化布局、协调发展。

2．严格控制质量，保障产品安全

参照国际标准及规范，结合我国国情，建立统一、规范的马铃薯加工产品质量安全检测和监控体系，提升企业自身质量安全管理能力，加快淘汰落后产能，完善市场准入管理，落实企业主体责任，建立健全企业质量管理体系，保障马铃薯加工产品质量安全。

3．坚持科技创新，促进产业升级

瞄准国际马铃薯加工技术与产业发展前沿，以产学研合作为依托，开发具有自主知识产权的技术和装备，推动马铃薯加工业科技创新和技术人才培养，加快高新技术成果产业化的步伐，进一步提高产品科技含量和附加值，促进产业优化升级。

4．推行清洁生产，发展循环经济

坚持可持续发展和循环经济的理念，大力发展马铃薯加工清洁生产技术与装备，提高产品的出品率及加工副产物的综合利用率，提高马铃薯资源综合利用水平。保护耕地、节约集约用地，促进节能减排，降低资源消耗及污染物排放，保护生态环境。

二、发展目标

1．原料保障

到2015年，马铃薯种植面积达到800万公顷，单产达到18.75吨/公顷，总产量达到1.5亿吨，脱毒马铃薯种植面积占总种植面积的50%以上，内蒙古、甘肃、黑龙江等马铃薯加工集中区域的专用薯种植比例达20%以上。

2．储运体系

在马铃薯主产区推广建设和匹配与仓储需求相符的规范化地下、半地下马铃薯储窖，解决薯农存贮和冻烂损耗问题，减轻薯价阶段性波动对马铃薯加工业造成的不利影响。在马铃薯主要加工地区新建万吨级以上大型气调储库50～60个，提升加工产品品质，延长加工期，提高产能利用率。基本建成与我国马铃薯加工业相配套的马铃薯储藏及运输体系，储藏运输过程的损失控制在10%以下。

3．加工能力

到2015年，马铃薯加工业总产值达到350亿元，利税45亿元，年加工转化马铃薯1400万吨。

4．产品结构

到2015年，马铃薯淀粉产量达到90万吨，粉条、粉丝、粉皮35万吨，变性淀粉25万吨，全粉20万吨，冷冻薯条16万吨，各类薯片45万吨，新型马铃薯方便食品、休闲食品等20万吨，高附加值马铃薯精深产品产量占比由2010年的45%提高到50%。

5．自主创新

加大研发中心建设力度，到2015年，拥有研发中心的企业占马铃薯加工企业总数的50%以上，企业研发投入占销售收入的比例提高到0.8%以上。

6．产业集群

到2015年，规模化马铃薯加工企业达200家以上，培育20家具有较强竞争力的、销售收入达3亿元以上的马铃薯加工企业。加快产业集群发展，打造2～3个分工合作、优势互补、销售收入达10亿元以上的马铃薯产业集群。

7．质量安全

建立健全我国马铃薯加工产品标准体系、质量控制和检测体系、企业诚信管理体系和产品安全信息及质量安全可追溯体系。

8．节能减排

到2015年，单位工业增加值能耗降低30%，单位工业增加值用水量降低30%，工业固体废弃物综合利用率达到80%以上，主要污染物排放减少，其中，化学需氧量（COD）减少15%。

三、发展方向

1．马铃薯淀粉、全粉加工业

鼓励企业通过建立原料基地和引入订单式农业运作模式，强化马铃薯淀粉、全粉加工原料供应保障；通过产业整合和技术创新，加快淘汰落后产能，提高产能和资源利用率；所有企业拥有与其加工规模相配套的污染物处理能力，提升工艺技术水平、产品质量水平、节能减排水平；提高产业集中度、品牌知名度。到2015年，马铃薯淀粉优级品率提高至60%以上；推广全旋流、全自控式先进工艺装备，合理规模在3000吨淀粉/月以上。加大全粉生产应用技术研发和市场开发力度，拓宽应用领域；尽快制定全粉类产品的国家标准或行业标准，制（修）订原料使用和贮藏标准；优化区域布局，强化基地建设，普及专用品种。

2．马铃薯冷冻薯条、薯片等加工业

大力发展冷冻薯条、薯片加工业，满足人民群众日益增长的多元化消费需求；加大国产化冷冻薯条、薯片加工装备的研发力度，提升自主化装备水平及所占比例；培育一批技术含量高、符合市场需求、具有较强竞争力的骨干企业，打造自主品牌；切实保障薯条、薯片等大众化食品的原辅料品质和安全，加强生产技术研发，保障产品质量安全；因地制宜，在发展薯类保鲜加工制品的同时，发展以淀粉、全粉为原料的复合类加工制品，丰富花色品种；加强同品种开发和农业种植企事业单位合作，大力开发、推广专用品种，提升仓储、物流水平。

3．马铃薯新型产品加工业

重点发展科技含量和附加值高的变性淀粉系列产品（食品添加剂、精细化工产品、双降解产品、医药辅料产品、膳食纤维产品等）以及马铃薯深加工食品（方便休闲食品、膨化烘焙食品、功能食品等），鼓励发展薯类保鲜制品、半成品等马铃薯产品加工业，形成高端产品与低端产品、终端产品与半成品相结合的马铃薯加工产品结构，满足不同层次、不同领域的消费需求。

四、政策措施

1．加强政策引导和协调

健全和完善相关政策和技术标准体系，加强部门间配合以及产业政策的衔接。进一步完善产业、环保、土地、财税、金融、流通、工商等相关政策，加强部门间配合以及产业政策的衔接，加大对马铃薯加工业的支持力度，为行业发展创造有利的政策环境。引导马铃薯加工行业区域间协调发展和产业聚集，推动产业布局优化，推进技术开发和市场开发。

2．加大财政和金融支持力度

加大中央和地方财政支持力度，充分利用现有财政政策及资金渠道，对马铃薯加工产业和产业集群公共服务平台建设、企业技术改造、节能减排、清洁生产、重点装备自主化和自主品牌建设等重点项目给予支持。扩大马铃薯原种生产补贴和高产创建示范规模，扶持马铃薯种植业发展，提高马铃薯产量，保障原料供给。加大对马铃薯仓贮能力建设的支持力度，保障薯业增产增效。中国农业发展银行及商业银行对符合国家产业政策和贷款条件的马铃薯加工项目和企业技术改造提供信贷支持，对实力强、资信好、效益佳的企业优先安排贷款，增加授信额度；支持符合条件的马铃薯工业企业通过在银行间债券市场发行短期融资券、中期票据、中小企业集合票据等方式拓宽融资渠道，募集生产经营资金。

3．加强产品质量安全管理

按照食品安全管理理念，深入开展食品安全专项整治，全面清理生产过程中使用非法添加物和滥用食品添加剂行为，加快建立健全产品召回及退市制度。加快马铃薯加工产品质量安全检（监）测能力建设，建立无缝隙覆盖的质量安全检（监）测体系。各相关部门要切实承担马铃薯加工产品安全监管工作的责任，建立从生产、加工、流通到消费各环节全程监管的部门协同机制，完善产品质量安全保障体系。

4．鼓励兼并重组和淘汰落后

鼓励经营规模大、带动能力强的马铃薯加工龙头企业，遵循资源配置和市场规律，实施企业兼并重组，继续在流动资金、债务核定、职工安置等方面给予支持。各相关部门要加快建立产业退出机制，明确淘汰标准，量化淘汰指标，坚决淘汰落后产能，优化产业结构。

5．支持科技创新和技术改造

增加科技投入，加强马铃薯开发利用基础研究，支持一批重大关键技术和设备的研发，促进自主知识产权技术的开发和产业化；推动组建马铃薯加工技术及装备研发中心和马铃薯加工工程实验室；引导和推动马铃薯加工企业建立科技创新平台和研发基地，鼓励与高校及科研院所联合成立研究开发中心和产业技术创新战略联盟，培育科技人员。在相关项目建设、课题安排上给予政策和资金支持。

6．发挥行业组织作用

充分发挥行业组织联系政府和企业的桥梁纽带作用，鼓励行业组织积极参与国家、地方有关政策法规、食品质量安全标准的制（修）订。加强对马铃薯加工业发展重大问题的调查研究，组织企业及时反映行业情况、问题和诉求。强化对马铃薯加工业相关信息的统计和发布，构建完善的信息网络平台和发布渠道，更好地为企业服务。

毋庸置疑的是，2011—2015年是我国马铃薯淀粉加工业快速发展的五年。在这五年，我国的马铃薯淀粉加工机械制造业更上一层楼，无论在加工量、提取率、设备的先进性还是在自动化控制等方面都赶上了欧盟水平。同时，经济实惠的国产设备催生了一批万吨级淀粉加工企业的改造和诞生；在这五年，我国的淀粉总产量突飞猛进，由2010年的23万吨迅速增加到2015年的42万吨，产生了巨大的经济效益和社会效益。

“十二五”期间，马铃薯淀粉加工产业的五年巨变可以说是得益于《马铃薯加工业“十二五”发展规划》的政策呵护和政策杠杆的强有力撬动。

第二节　国家主粮化战略给予前所未有的发展机遇

2015年1月，农业部表示，我国将启动马铃薯主粮化战略，推进把马铃薯加工成馒头、面条、米粉等主食，马铃薯将成为稻米、小麦、玉米外又一主粮。

据报道，农业部前副部长余欣荣指出，马铃薯主粮化开发，是深入贯彻中央关于促进农业调结构、转方式、可持续发展的重要举措，是新形势下保障国家粮食安全、促进农民持续增收的积极探索。要牢固树立营养指导消费、消费引导生产的理念，以科技创新为引领，多措并举，努力推动形成马铃薯与谷物协调发展的新格局，以更好地满足人民群众对主粮消费营养健康的新要求。

马铃薯主粮化是历史发展的必然的选择。因势而谋推进马铃薯主粮化，利于改善膳食结构，满足人民增强体质健康的愿望。应势而动推进马铃薯主粮化，利于挖掘生产潜力，开辟保障国家粮食安全的新途径。顺势而为推进马铃薯主粮化，利于缓解资源环境压力，实现农业可持续发展。

其实，世界上有很多国家将马铃薯当作主粮，比如欧洲国家人均年消费量稳定在50～60千克，俄罗斯人均年消费量高达170多千克，更是将马铃薯誉为“第二面包”。当前中国只有甘肃定西、贵州毕节等少数地区的老百姓将马铃薯当主粮，更多的国人只将马铃薯作为蔬菜来食用。因此，马铃薯主粮化实际上就是把马铃薯加工成适应中国人消费习惯的面包、馒头、面条等主食产品，由副食消费向主食消费转变，使马铃薯成为与小麦、玉米、水稻三大主粮互为补充的第四大粮食作物。

马铃薯是一种耐旱作物，对于光照和热量的要求较低，有助于缓解资源环境压力，增产潜力巨大。并且马铃薯的加工产业链延伸空间大，可以开发多种主食产品和其他产品，对于我国食物的安全供给有很大的保障。另外，马铃薯主粮化还有助于推动我国居民膳食结构的调整与升级，马铃薯含有一些传统主食中没有的独特的营养成分，富含膳食纤维，有助于清理肠道、预防消化系统病变，其营养结构更加有益于人类健康。因此，在不断追求膳食多元和营养健康的今天，开发并提供适合中国居民一日三餐的全营养马铃薯主食和多品种休闲食品，将对优化膳食结构、增强体质健康具有重要意义。

所以，马铃薯主粮化战略的实施，给马铃薯产业及马铃薯加工业以前所未有的机遇。

首先，提高薯农的收益，增强薯农种植的积极性。长期以来，马铃薯的主产区域与全国贫困区域高度重合，因此，主粮化战略有助于推动我国中西部地区经济发展及农民的脱贫致富。

其次，有助于提高加工比例。现在我国的马铃薯还是以鲜食为主，加工比例很低。发达国家马铃薯加工量占总产量的比例非常高，例如荷兰、法国、美国、英国均在40%以上。中国马铃薯食用消费占60%以上，加工消费只有10%左右。

再次，延伸加工链条，衍生更多产品。马铃薯主粮化并不是指它会成为人们主要食用的鲜食，更多的是体现在加工产品方面，最突出的体现就是用土豆制成的全粉、淀粉，用于制作馒头、面条、米粉等主食类食品以及各种休闲类食品，让马铃薯的加工有更加宽广的领域和空间。

最后，马铃薯淀粉、全粉存放更久，对保障国家粮食安全具有重要作用。业界专家认为，作为主粮至少要能做到周年存放，而耐存正是马铃薯的强项。马铃薯经脱水干燥后磨成粉，称为马铃薯全粉，一般能存7~8年；马铃薯通过粉碎、离心提取、精制、干燥加工成淀粉，可以存放15年。无论全粉还是淀粉都远远超过米、面和玉米的存放时间。

第三节 农业部关于推进马铃薯产业开发的政策暖风

2016年2月，农业部下发《农业部关于推进马铃薯产业开发的指导意见》（以下简称《意见》），提出未来几年马铃薯产业开发的重要意义、思路目标、重点任务和保障措施。通过将马铃薯作为主粮产品进行产业化开发，科学引导消费，打造小康社会主食文化。引领农业供给侧结构性改革，促进稳粮增收、提质增效和农业可持续发展。

一、马铃薯开发的重要意义

1．推进马铃薯产业开发，是打造小康社会主食文化的有益探索

还有五年时间就实现全面建成小康社会的目标。这意味着13亿多中国人都将进入一个比较殷实的生活状态，消费由吃得饱向吃得好、吃得健康转变，呈现品质消费、绿色消费、个性消费新趋势。食品的开发要适应这一变化和趋势，拓展传统主食文化内涵，展示不同主食文化品位，体现不同主食使用价值。马铃薯以营养丰富著称，特别是富含维生素、矿物质、膳食纤维等成分，满足消费结构升级和主食文化发展的需要。推进马铃薯产业开发，培育健康消费理念，打造小康社会主食文化。

2．推进马铃薯产业开发，是破解农业发展瓶颈的有益探索

多年来，在农产品供给的压力下，农业资源过度开发，导致耕地地力下降、水资源更为紧缺，资源环境已亮起“红灯”。马铃薯具有耐旱、耐寒、耐瘠薄的特点，适应范围广，增产空间大。在抓好水稻、小麦、玉米三大谷物的同时，把马铃薯作为主粮作物来抓，推进科技创新，培育高产多抗新品种，配套高产、高效技术模式，增加主粮产品供应，提高农业质量效益，促进农民增收和农业持续发展。

3．推进马铃薯产业开发，是推进农业转型升级的有益探索

推进农业供给侧结构性改革，调整优化种植结构是一项艰巨的任务。马铃薯作为适应性广的作物和市场潜力大的产品，是新一轮种植结构调整，特别是“镰刀弯”地区玉米结构调整的理想替代作物之一。把马铃薯作为主粮，纳入种植结构调整的重点作物，扩大种植面积，推进产业开发，延长产业链，打造价值链，促进一二三产业融合发展，助力种植业转型升级，全面提升发展质量。

4．推进马铃薯产业开发，是引领农业绿色发展的有益探索

推进生态文明建设，必须树立绿色发展理念，推行绿色生产方式，推广绿色环保技术，形成绿色发展新格局。马铃薯用水用肥较少，水分利用效率高于小麦、玉米等大宗粮食作物，在同等条件下，单位面积蛋白质产量分别是小麦的2倍、水稻的1.3倍、玉米的1.2倍。在我国北方干旱半干旱地区扩种马铃薯，减轻农业用水压力，改善农业生态环境，实现资源永续利用。

5．推进马铃薯产业开发，是带动脱贫致富的有益探索

马铃薯多种植在西部贫困地区、高原冷凉山区，既是当地农民解决温饱的主要产品，也是农民增收致富的主要作物。把马铃薯作为主粮产品开发，引导农业产业化龙头企业、农民合作社与农户建立更紧密的利益联结机制，让农民在马铃薯产业开发中分享增值收益，带动农民增收和脱贫攻坚。

二、马铃薯产业开发的原则

1．不与三大谷物抢水争地

充分利用北方干旱半干旱地区、西南丘陵山区、南方冬闲田的耕地和光温水资源，因地制宜扩大马铃薯生产。处理好马铃薯与水稻、小麦、玉米三大谷物的关系，不与水稻、小麦和玉米抢水争地，构建相互补充、协调发展的格局。

2．生产发展与整体推进相统一

发展两端，带动中间，逐步完善产业链。既要稳定种植面积，依靠科技进步，选育新品种，推广脱毒种薯和配套栽培技术措施，提高单产和改善品质；又要注重产品开发、工艺研发、装备改进，延长产业链条，实现加工转化增值。

3．产业开发与综合利用相兼顾

马铃薯是粮、经、饲兼用作物，既要开发主食产品，使马铃薯逐渐成为居民一日三餐的主食；又要拓宽马铃薯功能，广泛用于饲料、造纸、纺织、医药、化工等行业，实现营养挖潜、加工增值。

4．政府引导与市场调节相结合

发挥政府规划和政策引导作用，集约资源、集中项目、集聚力量，加大财政投入，改善生产条件，扶持育繁推、产加销一体化龙头企业。更要充分发挥市场对资源配置的决定性作用，以企业为主体，推进马铃薯主食产品开发，科学引导主食消费，提高市场供应水平和企业竞争力。

三、马铃薯产业开发的重点任务

1. 以资源禀赋为前提，优化主食产品原料布局

综合考虑各地水土资源条件、农业区划特点、生产技术条件和增产潜力等因素，按照“发挥比较优势、分区分类指导、突出重点领域”的原则，优化生产布局，增加主粮产品开发的原料。东北地区，因地制宜扩大马铃薯种植，加强基础设施建设，发展全程机械化生产，加强晚疫病防控，提高脱毒种薯生产能力，建设贮藏设施。华北地区，重点在干旱半干旱区，以及地下水严重超采区，发展雨养农业和节水农业，改善生产条件，防治土传病害，提高马铃薯商品性，建设优质脱毒种薯生产基地和多类型贮藏库。西北地区，通过压夏扩秋种植马铃薯，发展旱作节水农业，加强病虫害防控，建设优质脱毒种薯生产基地和多类型贮藏库。西南地区，充分利用得天独厚的生态条件、丰富多样的耕作制度和秋冬春季的空闲田，发展水旱轮作、间套作、高效复合种植，加强晚疫病防控，实现周年生产、周年供应。南方地区，开发利用冬闲田，发展水旱轮作和秋冬季农业，扩大马铃薯种植。

2. 以消费需求为引领，开发多元化主食产品

开发适宜不同区域、不同消费群体、不同营养功能的马铃薯主食产品。大力推进传统大众型主食产品开发，以解决关键环节的技术瓶颈为重点，开发馒头、面条、米粉、面包和糕点等大众主食产品。因地制宜推进地域特色型主食产品开发，重点是开发马铃薯饼、馕、煎饼、粽子和年糕等地域特色主食产品。积极推进休闲及功能型主食产品开发，重点开发薯条、薯片等休闲产品，开发富含马铃薯膳食纤维、蛋白质、多酚及果胶的功能型产品。

3. 以品种选育为带动，强化主食产品原料生产技术支撑

选育适宜主食加工的新品种，加快马铃薯种质资源引进，开发利用优异种质资源，推进育种方法创新，利用分子生物学研究成果，结合常规技术，进行品种改良。健全完善脱毒种薯生产与质量控制体系，加强原原种、原种和良种生产，满足生产用种需要。集成推广优质高产高效技术模式，组装轻简化栽培、节水灌溉、水肥一体化、病虫害综合防治、机械化生产等关键技术，推广高产高效、资源节约、生态环保的技术模式，提高生产科技水平和质量效益。

4．以科技创新为驱动，研发主食加工工艺和设备

研发原料节能处理和环保技术，配套效能比高的原料处理装备，保障原料品质和营养，有效降低能耗和废弃物排放量。研发发酵熟化技术，配套温度、湿度、时间智能化控制设备，改善面团流变学特性，提高发酵熟化效率。研发成形整形仿生技术，加强成形整形关键部件的设计和改造，实现主食产品自动化生产。研发蒸煮烘焙技术，开发主食产品醒蒸一体智能设备和自动化变温煮制设备，实现蒸煮烘焙数字化控制。研发新型包装抗老化技术，配套自动化包装设备，防止主食产品老化、氧化变质。支持企业与科研单位合作，开展主食产品工艺及设备联合攻关。鼓励规模较大、自主创新能力强、拥有核心技术、盈利能力

全国马铃薯主食加工产业联盟成立大会暨全国主食加工业示范企业发布活动

强、诚信度高的加工企业，开发主食产品品牌，增强市场竞争力，打造一批主食加工龙头企业。

5．以营养功能为重点，引导居民消费主食产品

开展马铃薯主食产品营养功能评价。建立营养功能评价体系。依托国家级、省级科研机构、高等院校和大型龙头企业，建立国家马铃薯营养数据库。开发马铃薯营养功能，评估马铃薯主食产品对不同特征人群的健康功效，结合其营养构成特征，开发不同类型马铃薯主食产品对不同人体的营养和健康功效作用，加强营养功能宣传。建设主食产品消费体验站，指导街道社区、大型超市、集体食堂以及相关企业参与产品消费体验站建设，把产品消费体验站建成为产品消费引导、营养知识科普的互动平台。

毋庸置疑，《意见》的下发为马铃薯产业的健康、创新发展带来了政策暖风，尤其使各地马铃薯加工企业得到了政策实惠，例如在用地、电、水、气等方面实行价格优惠，在信贷方面增加授信额度，实行优惠利率等。

第四节　国务院对马铃薯等农产品加工业的政策关怀

2016年，国务院办公厅发布了《国务院办公厅关于进一步促进农产品加工业发展的意见》(以下简称《意见》)，就进一步促进农产品加工业发展，深入推进农业供给侧结构性改革，不断满足城乡居民消费升级需求，提出了总体要求和优化结构布局、加快产业转型升级的意见。

《意见》首先提出了主要目标：到2020年，农产品加工转化率达到68%，规模以上农产品加工业主营业务收入年均增长6%以上，农产品加工业与农业总产值比达到2.4：1；结构布局进一步优化，关键环节核心技术和装备取得较大突破，行业整体素质显著提升，支撑农业现代化和带动农民增收作用更加突出，满足城乡居民消费需求的能力进一步增强。

到2025年，农产品加工转化率达到75%，农产品加工业与农业总产值比进一步提高；自主创新能力显著增强，转型升级取得突破性进展，形成一批具有较强国际竞争力的知名品牌、跨国公司和产业集群，基本接近发达国家农产品加工业发展水平。

《意见》要求优化结构布局。

一是推进向优势产区集中布局。支持贫困地区结合精准扶贫、精准脱贫，大力开展产业扶贫，引进有品牌、有实力、有市场的农业产业化龙头企业，重点发展绿色农产品加工，以县为单元建设加工基地，以村（乡）为单元建设原料基地。

二是加快农产品初加工发展。以粮食、油料、薯类、果品、蔬菜、茶叶、菌类和中药材等为重点，支持农户和农民合作社改善储藏、保鲜、烘干、清选分级、包装等设施装备条件，促进商品化处理，减少产后损失。通过实施相关项目和推广适用技术，推动农产品初加工水平整体提升。

三是鼓励主食加工业发展。拓宽主食供应渠道，加快培育示范企业，积极打造质量过硬、标准化程度高的主食品牌。研制生产一批传统米面、杂粮、预制菜肴等产品，加快推进马铃薯等薯类产品主食化。

《意见》提出要推进多种业态发展。

一是支持农民合作社等发展加工流通。扶持农民合作社、种养大户、家庭农场建设烘储、直供直销等设施，发展“农户+合作社+企业”模式，引导农民以土地经营权、林权和设施装备等入股农民合作社和企业。推进“粮食银行”健康发展，探索粮食产后统一烘干、贮藏、加工和销售的经营方式。

二是鼓励企业打造全产业链。引导农产品加工企业向前端延伸带动农户建设原料基地，向后端延伸建设物流营销和服务网络。鼓励农产品加工企业与上下游各类市场主体组建产业联盟，与农民建立稳定的订单和契约关系，以“保底收益、按股分红”为主要形式，构建让农民分享加工流通增值收益的利益联结机制。

三是创新模式和业态。将农产品加工业纳入“互联网+”现代农业行动，利用大数据、物联网、云计算、移动互联网等新一代信息技术，培育发展网络化、智能化、精细化现代加工新模式。引导农产品加工业与休闲、旅游、文化、教育、科普、养生养老等产业深度融合。积极发展电子商务、农商直供、加工体验、中央厨房等新业态。

四是推进加工园区建设。加强农产品加工园区基础设施和公共服务平台建设，完善功能、突出特色、优化分工，吸引农产品加工企业向园区集聚。以园区为主要依托，创建集标准化原料基地、集约化加工、便利化服务网络于一体的产业集群和融合发展先导区，加快建设农产品加工特色小镇，实现产城融合发展。

最后,《意见》提出了政策扶持措施。

一是加强财政支持。支持符合条件的农产品加工企业申请有关支农资金和项目。新型农业经营主体购置仓储烘干设备，可按规定享受农机购置补贴政策。完善农产品产地初加工补助政策，有条件的地方要扩大补助资金规模。各地要积极支持农产品加工原料基地、公共设施、物流配送体系建设和技术改造。

二是完善税收政策。各地可选择部分行业，扩大农产品增值税进项税额核定扣除试点行业范围，积极推进试点工作。农产品加工企业可以凭收购发票按规定抵扣增值税。落实农产品初加工企业所得税优惠政策。在实施与农产品加工有关的国家鼓励类项目中，进口国内不能生产的所需先进设备，所缴纳进口环节增值税可按规定予以抵扣。

三是强化金融服务。鼓励银行业金融机构加大信贷支持力度，为农产品生产、收购、加工、流通和仓储等各环节提供多元化金融服务。政策性金融机构要在业务范围内适当扩大农产品加工担保业务规模，完善银担合作和风险分担机制，为农产品加工企业融资增信。将农民合作社兴办加工流通企业列入农业担保体系支持范围。积极开展厂房抵押和存单、订单、应收账款质押等融资业务，创新“信贷+保险”、产业链金融等多种服务模式。支持符合条件的农产品加工企业上市融资、发行债券。积极推广小额信贷保证保险等新型险种，鼓励农业担保与农业产业链加速融合，探索开展农产品质量安全保险。

四是改善投资贸易条件。支持社会资本依照相关规划和规定从事农产品加工、流通。鼓励引导符合条件的农产品加工企业开展对外合作，加大对其出口信用保险的支持，强化在融资和通关等方面的便利化服务。支持企业申请国际认证、专利、商标、品牌、标准等，鼓励使用人民币计价结算和收付资金。

五是落实用地用电政策。将农产品加工用地列入土地利用总体规划和年度计划，认真落实农产品初加工用地政策，优先安排园区用地。支持农村集体经济组织以集体建设用地使用权入股、联营等形式与其他单位、个人共同兴办农产品加工企业。城乡建设用地增减挂钩节余的用地指标要重点支持农产品产地初加工发展。落实农产品初加工用电执行农业生产用电价格的政策，切实保障农产品加工用电。

总而言之，国务院办公厅从税收减免、金融服务、用电政策以及业态模式等多个方面对马铃薯等农产品加工给予了细微而有力的政策关怀，相信“十四五”期间，马铃薯加工产业在国家政策暖风的关怀下必将迎来发展的新阶段。

第五节　甘肃和内蒙古两大主产省区强有力的扶持政策

一、甘肃加强马铃薯生产保障粮食安全

2020年2月，甘肃省农业农村厅发布了《关于进一步加强马铃薯生产保障粮食安全的通知》(以下简称《通知》)。

《通知》指出，为促进马铃薯生产全面转型升级，提升市场竞争力，努力实现由马铃薯大省向强省跨越式发展，并进一步加强马铃薯生产保障粮食安全发布该通知。

《通知》表示，马铃薯是甘肃省主要粮食作物和特色农产品，马铃薯产业已成为最具特色的优势产业和农民脱贫致富的支柱产业，经过多年发展，初步建成了健全的种薯生产体系、完善的鲜薯生产体系和完备的产品加工体系。目前，马

铃薯种植面积和鲜薯总产量均居全国前列，在全省农业和农村经济中占有重要地位。进一步加快马铃薯生产转型升级，对甘肃省如期打赢脱贫攻坚战、实施乡村振兴、发展县域经济、保障粮食安全等都具有非常重要的意义。

第一，加快马铃薯产业发展是如期打赢脱贫攻坚战的重要保障。全省49个贫困县区是马铃薯种植的主产区，马铃薯承担着“脱贫薯”“致富薯”的重大使命，推动马铃薯龙头企业、合作社、农户之间的紧密利益联结，让贫困县区农民群众分享产业链增值收益，对助推农民增收和脱贫攻坚具有重要作用。

第二，加快马铃薯产业发展是实施乡村振兴战略的主要产业支撑。目前，通过强化规划引领，优化品种结构，统筹区域布局，全省已形成了产业集聚度高、区域特色明显的中部高淀粉及菜用型、河西及沿黄灌区全粉和薯条（片）加工型、陇南天水早熟型、高海拔区脱毒种薯生产等四大优势区，为主产区实施乡村振兴战略奠定了良好的产业基础。

第三，加快马铃薯产业发展是壮大县域经济的重要途径。甘肃省马铃薯生产已经形成集种质资源研究、品种选育、种薯繁育、标准化种植、精深加工、市场营销于一体的全产业链发展模式，进一步挖掘马铃薯产业的增值潜力，对增加农民收入、培植县域财源具有重要的现实意义。

第四，加快马铃薯产业发展是保障粮食安全的重要举措。马铃薯是继稻米、小麦、玉米之外的第四大主粮，在大力推进农业供给侧结构性改革的大背景下，调整马铃薯种植结构、推广马铃薯主食化品种，对保障粮食供给和粮食安全意义重大。

因此，《通知》提出了发展目标，2020年，全省马铃薯种植面积稳定在1100万亩以上，力争达到1200万亩，鲜薯总产量达到1500万吨以上；脱毒原原种年生产能力12亿粒以上，种薯生产基地100万亩，生产种薯180万吨以上。力争到2025年，全省马铃薯种植面积达到1500万亩，鲜薯总产量达到1900万吨以上；建成技术成熟、机制完善的原原种、原种、一级种薯生产体系，年生产脱毒原原种15亿粒，年建立种薯基地120万亩，其中绿色标准化基地40万亩，生产种薯

240万吨；在全省基础种薯生产企业开展质量认证试点，参与试点企业20家，实现原原种、原种质量监管全覆盖；以定西为核心打造全国一流的马铃薯脱毒种薯繁育基地，力争把甘肃省建设成全国最大的现代化脱毒种薯繁育中心。

最后，《通知》提出了四项重点工作。

1．不断强化科技支撑，推动马铃薯生产提质增效

一是加强产学研、育繁推一体化进程，加快培育、引进、筛选出适应性广、抗逆性强、适应市场需求及淀粉、全粉和主食加工的突破性新品种。二是加大种薯高效生产技术研究和研发，进一步提高种薯生产水平，降低生产成本。三是加强马铃薯种植、收获等关键环节机具研究，加快中东部旱作农业区马铃薯全程机械化进程。

2．健全完善种薯生产体系，提高脱毒种薯生产水平

一是积极推广离地基质栽培、水培雾培等脱毒种薯生产先进技术，完善脱毒种薯扩繁体系，提高种薯生产水平。二是扎实推进绿色种薯生产示范基地建设，在安定区、渭源县、会宁县、山丹县、民乐县、永昌县、庄浪县等种薯生产优势县区建设高标准绿色种薯生产基地，提高种薯生产能力。三是按照“立足甘肃，服务西北，走向全国”的发展思路，积极落实国家马铃薯脱毒种薯制种大县补贴政策，建设渭源县马铃薯种薯现代产业园，把渭源县打造成全国脱毒种薯第一县。四是充分发挥国家已经认定的区域性良种繁育基地的优势条件，引导定西市种薯生产优势县区，积极申报国家马铃薯区域性良种繁育基地项目，改善基地基础设施和条件，提高基地生产水平。五是重点支持有核心竞争力、管理规范的种薯企业建立稳定的种薯生产基地，进一步拓展南方种薯市场，提高种薯企业竞争力。

3．加强马铃薯种薯质量监管，提高种薯质量

充分发挥省级马铃薯脱毒种薯质量检测中心的技术引领作用，依托4个市级、28个县级种薯质量检测中心，强化种薯质量监管，完善企业生产经营档案，全面落实标签管理制度，进一步规范种薯生产经营行为，提升我省马铃薯种薯质量水平。一是加强种薯脱毒苗质量检查。省种子总站组织市、县（区）种子部门对种薯企业生产的脱毒苗进行1次全面抽检，对生产企业和品种开展病毒检测。二是加强播种前种薯质量抽查。在春播前对企业库存的马铃薯原原种、原种进行专项检查。检查内容主要包括品种是否登记，标签、包装是否规范，抽查一定数量的种薯样品进行质量检测，县（区）做到原原种、原种生产企业和品种全覆盖检查，省、市随机抽查企业和品种的比例不低于30%，检查结果在全省予以通报。三是加强种薯生产田隔离条件检查。在播种前，由种薯基地所在地县（区）种子部门对种薯生产田的隔离条件进行全面检查，对不符合条件的种薯生产田，责令企业整改，整改仍达不到要求的，不得作为种薯生产田。四是加强田间质量检验。在马铃薯盛花期，由生产基地所在县（区）种子部门组织开展一次田间检验，检验覆盖面达90%以上，省、市种子部门进行抽检，抽检面积不少于30%。经过检验，对达不到质量标准的种薯生产田，由检查单位出具《田间检验不合格通知单》，该生产田生产的马铃薯不能作为种薯使用，责令种薯生产企业降级或转商处理。五是落实好种薯标签管理制度。按照《农作物种子标签和使用说明管理办法》要求，由企业所在地县（区）种子部门对企业生产销售的种薯标签进行抽查，对制作不规范、不符合要求的标签，责令企业改正，对包装和标签不规范的企业依法依规查处。六是督促企业建立规范的生产经营档案。由企业所在地县（区）种子部门按照《种子法》和《农作物种子生产经营许可管理办法》的规定，对种薯生产经营企业的生产经营档案进行全面检查，对生产经营档案不规范、不完整的企业，责令其改正，督促企业建立规范的生产经营档案，完善种薯质量追溯制度。

4．集成推广现代农业技术，推动标准化种植示范基地建设

一是进一步优化区域布局，重点扩大中东部旱作区种植面积，在定西、兰州、白银、临夏等市、州大力发展高淀粉、菜用型和主食化加工型马铃薯600万亩以上，在河西及沿黄灌区重点发展全粉、薯条薯片和主食化加工型马铃薯200万亩以上，在天水、陇南发展早熟菜用型和主食化加工型马铃薯200万亩以上，在定西市、陇南市、平凉市、张掖市、武威市、白银市、临夏州等市、州的脱毒种薯生产优势区生产脱毒种薯100万亩以上。通过重点发展三个优势区域和种薯生产基地建设，确保全省马铃薯种植面积稳定在1100万亩以上。二是推广应用优质脱毒种薯，充分利用产业扶贫政策，大力推广优质高级别种薯，确保一级（以上）种薯覆盖率达到90%以上。三是集成推广现代农业技术，在河西及沿黄河灌区集成推广以“垄膜沟灌（膜下滴灌）+加工专用品种+水肥一体化+绿色防控+全程机械化”为主的减肥减药高效栽培技术，在中部半干旱区集成推广以“黑膜垄上微沟+高淀粉品种+微生物有机肥+绿色防控”为主的抗旱高产减肥减药栽培技术，在中东部旱作区集成推广以“黑膜双垄侧播+高淀粉品种+减肥技术+综合防控+小型农机具应用”为主的抗旱稳产减肥减药栽培技术，在中南部二阴区推广集成以“白膜大垄侧播+晚熟品种+生物菌肥+绿色防控”为主的减药高产栽培技术，在陇南冬播区集成推广以“拱形棚+白膜覆盖+大垄栽培+早熟品种+微生物有机肥+绿色防控”为主的绿色高产早上市栽培技术。四是贯彻“公共植保、绿色植保、科学植保”理念，突出重点区域、关键环节，实施分类指导、科学防控，强化监测预警、推进统防统治、推广绿色技术、促进科学用药，全面提升晚疫病等马铃薯重大病虫防控能力，实施区内专业化统防统治覆盖率达到40%以上，绿色防控覆盖率达到30%以上，危害损失控制在5%以下。五是全力抓好马铃薯新品种展示及种薯质量认证、绿色种薯基地、安定区马铃薯绿色高质高效示范基地、庄浪县旱作马铃薯不同种植模式标准化示范基地、河西灌区马铃薯水肥一体自动控制绿色生产示范基地等示范点建设，通过抓点带面，辐射带动马铃薯生产能力和水平的提高。六是支持龙头企业新建标准化生产基地，积极引导贫困户联结合作社或龙头企业建集中连片标准化种植基地，力争使32个马铃薯大县标准化示范基地面积占全县马铃薯种植面积的50%。

诚然，甘肃省对马铃薯产业的一系列扶持政策，必将促进和带动该省由马铃薯产业大省向马铃薯产业强省迈进。

二、内蒙古促进马铃薯产业高质量发展

2020年10月，内蒙古自治区人民政府办公厅发布了《关于促进马铃薯产业高质量发展的实施意见》(以下简称《意见》)。

《意见》要求：坚持走以生态优先、绿色发展为导向的高质量发展新路子，科学规划产业布局，推进马铃薯优势特色产业带建设，打造专业化规模化产业集群，促进一二三产融合发展，加大政策支持，强化基础建设，改进物质装备，提升马铃薯产业规模化、标准化、机械化、品牌化、信息化水平，依靠科技创新提升发展水平，进一步增强产业扶贫带动致富能力，建成全国知名的优质脱毒种薯生产基地、绿色鲜食薯生产基地、马铃薯精深加工和产品输出基地，巩固提高我区马铃薯优势产区核心地位。

首先，明确了工作目标：到2025年，力争全区马铃薯种植面积恢复到800万亩以上，马铃薯初加工和精深加工转化率达到60%左右，全产业链产值达到230亿元以上。马铃薯脱毒种薯原种繁育面积稳定在50万亩以上，全区马铃薯脱毒种薯普及率提高到92%。选育3～5个适合我区种植，具有市场竞争力的自主知识产权优质新品种。打造5个左右知名马铃薯商品薯品牌。建设1个国家级马铃薯现代农业产业园和1～2个自治区级马铃薯现代农业产业园，打造1个国家级马铃薯优势特色产业集群，建成全国知名的马铃薯生产、创新、流通基地。

其次，提出了六大发展措施。

一是要优化马铃薯产业布局。推进优势产业带建设。打造以包头市、呼和浩特市、乌兰察布市、锡林郭勒盟、赤峰市为重点的阴山沿麓和以呼伦贝尔市、兴安盟为重点的大兴安岭沿麓马铃薯产业带，提高优势区域集中度；优化区域布局。种薯以呼伦贝尔市岭西地区、兴安盟西北部、锡林郭勒盟南部和呼和浩特市、包头市、乌兰察布市等中西部主产区北部为重点，建设200万亩高标准脱毒种薯繁育基地，每年生产面积保持在50万亩以上。商品薯以呼伦贝尔市岭东南地区、兴安盟东南部和赤峰市、锡林郭勒盟、呼和浩特市、包头市、乌兰察布市

主产区为重点，将优质鲜食薯种植面积发展到500万亩。加工专用薯以呼伦贝尔市岭东南地区、赤峰市北部、锡林郭勒盟、乌兰察布市、鄂尔多斯市沙地产区为重点，将种植面积发展到200万亩。

二是切实做强种薯产业。加快新品种选育创新。组织开展新品种联合攻关，加快选育推广适应我区生产条件和市场需求的优质新品种，对选育的具有自主知识产权的优质新品种给予奖励性补贴；加大种薯繁育基地建设和保护力度。积极组织推进牙克石市、察哈尔右翼前旗、四子王旗国家马铃薯良繁基地建设项目，争取锡林郭勒盟正蓝旗良繁基地尽快正式立项投资，积极申请启动更多的国家马铃薯良种繁育基地项目建设，建设高标准种薯生产基地200万亩，加强种薯基地保护，建立种薯繁育准入制度，强制种薯基地4年以上轮作，科学选定轮作作物，严格控制种薯基地土传病害；扶持种薯企业做大做强。重点扶持10家左右育繁推一体化种薯企业，鼓励种薯企业兼并重组，优化整合组培室、网室、种薯繁育基地、育种材料等资源，支持种薯企业基础设施建设和升级改造，强化企业质量管理，培育知名种薯企业品牌，提高市场竞争力。争取到2025年，全区规模种薯企业原原种（微型薯）生产能力达到30亿粒，支持50万亩以上的原种扩繁，满足500万亩的生产用种和一级种薯扩繁需要；努力提升种薯质量水平。加强脱毒苗、原原种（微型薯）、原种、一级种薯全程质量管控，脱毒苗生产要确保茎尖脱毒干净，微型薯生产要确保网棚温室基质干净，原种和一级种薯生产要确保繁育基地土壤干净。加大检测力度，增加检测批次，实现种薯生产经营主体检测100%，种薯入库抽检100%，脱毒种薯生产田间检测100%，积极开展种薯生产认证工作。强化种薯生产经营监管，加大对调入脱毒种薯的检验检疫力度，严格执行不合格种薯降级或转商制度，健全种薯质量追溯体系，严厉打击违法违规生产经营种薯行为。

三是大力推行马铃薯优质绿色生产。采取控肥增效、控药减害、控水降耗、控膜减污、轮作控病等措施。

四是切实提升马铃薯加工转化水平。鼓励产地初加工。积极引进企业开展马铃薯精选、清洗、切块、切片、速冻等初级加工，根据消费需求和市场准入要求，提高产后商品化处理能力和水平，实现净菜上市；扶持精深加工。积极引进先进大型马铃薯深加工企业，鼓励地方中小型加工企业兼并重组、提档升级，重点支持加工龙头企业提升精深加工能力，开展全粉、变性淀粉、蛋白质、纤维等高附加值产品加工。通过提高加工转化率降低市场风险，带动加工专用薯发展；支持主食产品开发。鼓励马铃薯主食产品生产企业开发马铃薯主食产品、配方产品、营养配餐等，开展马铃薯主食产品进社区、进校区、进景区等活动，提升主食产品认知度，进一步调动消费需求。

五是切实提升马铃薯产业发展水平。加快集群化发展、推进机械化作业、推动信息化建设、加强品牌化打造、促进多元化营销。

六是切实提升产业增收带动能力。提高单产促增收、调优品种促增收、提升品质促增收、规模种植带增收及完善联结机制带增收等。此外，要制定出台《2020年农牧业生产经营主体能力提升行动计划》，将马铃薯主产区贫困旗县（市、区）有条件的建档立卡贫困户纳入经营主体带动范围，推广“龙头企业+合作社+贫困农牧户”等利益联结模式，引导贫困户更多参与马铃薯产业高质量发展，建立有效的多元利益联结机制。

最后，给予政策支持，提出了三大补贴办法。

（1）马铃薯种植者补贴。自治区从国家下达的玉米和大豆生产者补贴中调剂5%的资金，用于对量水而行、符合区域布局要求、轮作要求和执行标准化种植的农户和新型经营主体给予种植补贴。

（2）科技创新补贴。重点支持马铃薯育种、栽培、植保、大数据等领域研究。对我区科研院所和企业选育的具有自主知识产权的优质新品种给予一次性奖励，对在自治区内年推广面积在10万亩以上的品种，一次性奖励500万元；年推广面积在30万亩以上的品种，一次性奖励1000万元。

（3）马铃薯加工订单补贴。鼓励马铃薯加工企业与种植户建立稳定的利益联结机制，对标准化种植且形成有效订单的，给予收购主体20元/吨补贴。

此外，《意见》还明确了保障措施，譬如要求发展改革、财政、农牧、水利、科技、工业和信息化等部门，出台切实可行的扶持措施，推进马铃薯产业高质量发展；要求强化金融支持，提高马铃薯种薯企业和加工企业贷款或授信额度，新增支小再贷款等优先支持马铃薯小微企业。

总之，内蒙古自治区通过一系列帮扶政策和措施，合力推进马铃薯产业持续稳定健康发展。

第六节　国家相关税收减免及优惠政策

多年来，国家为扶持马铃薯产业发展，在税收方面给予了很多优惠政策，总结起来主要涉及“增值税”“企业所得税”两大类。

一、与马铃薯及马铃薯淀粉相关的增值税

（一）销售环节

1．销售自产马铃薯

根据增值税暂行条例第十五条规定，农业生产者（从事农业生产的单位和个人）销售的自产农产品免征增值税。

2．流通环节销售马铃薯

《财政部国家税务总局关于免征蔬菜流通环节增值税有关问题的通知》（财税〔2011〕137号）规定，自2012年1月1日起，免征蔬菜流通环节增值税。

3．出口环节

生产企业采用“免抵退”方法，外贸企业采用“免退”方法。生产企业出口自产货物免征增值税，相应的进项税额抵减应纳增值税额，未抵减完的部分予以退还；不具有生产能力的出口企业（以下称外贸企业）或其他单位出口货物劳务，免征增值税，相应的进项税额予以退还。

（二）购进环节

1．进项税额凭票扣除

（1）收到一般纳税人开具的增值税专用发票或海关专用缴款书，按发票上的税额抵扣。

（2）小规模纳税人开具的3%或1%征收率的增值税专用发票，发票上的标明的税额虽然是3%或1%，从2019年4月1日，按票面金额和9%的扣除率计算抵扣进项税。

（3）从农业生产者手中购进马铃薯，按收购发票或销售发票注明的买价和9%扣除率计算抵扣进项税。

2．进项税额加计扣除（仅限购进用于生产或委托加工13%货物的农产品）

（1）适用加计扣除1%。购进的农产品（如马铃薯）用于生产或委托加工13%货物（如马铃薯淀粉），购进时按照一般纳税人开具的增值税专用发票、海关进口增值税专用缴款书、小规模纳税人开具的专用发票（税率3%或1%）的金额、农业生产者自销的按收购发票或销售发票的买价抵扣9%，在领用当期加计扣除1%，也就等于实际扣除率是10%。

注意：企业从一般纳税人、小规模纳税人开具的增值税普通发票或从蔬菜批发零售环节购进的免税农产品不能进行抵扣；既用于13%货物的又用于其他货物或服务的应分别核算，未分别核算不得加计扣除1%，即统一按9%抵扣。

（2）同时适用加计抵减15%。根据《财政部税务总局海关总署关于深化增值税改革有关政策的公告》（财政部税务总局海关总署公告2019年第39号）规定，提供生活服务的销售额占全部销售额的比例超过50%的纳税人，可以适用加计抵减政策。该纳税人如果同时兼营农产品深加工业务，其购进用于生产或者委托加工13%税率货物的农产品，可按照10%扣除率计算进项税额，并可同时适用加计抵减政策。又根据《关于明确生活性服务业增值税加计抵减政策的公告》（财政部税务总局公告2019年第87号）规定，2019年10月1日至2021年12月31日，允许生活性服务业纳税人按照当期可抵扣进项税额加计15%，抵减应纳税额。

3．进项税额核定扣除

根据《财政部国家税务总局关于在部分行业实行农产品增值税进项税额核定扣除办法的通知》（财税〔2012〕38号）规定自2012年7月1日起，部分行业的试点纳税人购进农产品不再凭增值税扣税凭证抵扣增值税进项税额，而是采用一定的进项税额核定方法进行抵扣。2013年又下发了《财政部国家税务总局关于扩大农产品增值税进项税额核定扣除试点行业范围的通知》（财税〔2013〕57号），进一步扩大了政策覆盖面，授权各省、自治区、直辖市和计划单列市，根据本地特点选择部分行业纳入核定扣除范围。从2013年9月1日起，相关权限下放至省一级，但目前各省的核定扣除试点行业不尽相同，如：内蒙古将马铃薯淀粉列入了试点行业范围适用投入产出法抵扣进项税额。核定扣除又分为生产或委托加工和直接销售两种情况。

（1）用于生产或委托加工货物

①投入产出法

当期允许抵扣农产品增值税进项税额=当期农产品耗用数量×农产品平均购买单价×扣除率/（1+扣除率）

当期农产品耗用数量=当期销售货物数量（不含采购除农产品以外的半成品生产的货物数量）×农产品单耗数量

②成本法

当期允许抵扣农产品增值税进项税额=当期主营业务成本×农产品耗用率×扣除率/（1+扣除率）

农产品耗用率=上年投入生产的农产品外购金额/上年生产成本

③参照法

试点纳税人购进农产品生产销售上述产品以外的其他产品，可采取“参照法”，在投产当期增值税纳税申报时向主管税务机关提出申请，参照所属行业或者生产结构相近的其他纳税人的平均水平，确定农产品单耗数量，由主管税务机关据实核定，并报省税务局备案。

（2）购进直接销售

当期允许抵扣农产品增值税进项税额=当期销售农产品数量/（1－损耗率）×农产品平均购买单价×9%/（1＋9%）

二、与马铃薯及淀粉相关的企业所得税

（一）免征

1．自产马铃薯销售

根据《中华人民共和国企业所得税法》第二十七条第一项规定，企业从事农、林、牧、渔业项目的所得，免征企业所得税。

2．生产加工马铃薯淀粉

《财政部国家税务总局关于享受企业所得税优惠的农产品初加工有关范围的补充通知》（财税〔2011〕26号）中规定薯类淀粉生产企业（包括变性淀粉以外的薯类淀粉）达到国家环保标准且年产量在一万吨以上，其产生的应纳税所得额免征企业所得税。

（二）减按15%

《财政部海关总署国家税务总局关于深入实施西部大开发战略有关税收政策问题的通知》（财税〔2011〕58号）规定自2011年1月1日至2020年12月31日，对总分机构设在西部的且主营业务为《西部地区鼓励类产业目录》中规定的产业项目，且其主营业务收入占企业收入总额70%以上的企业减按15%的税率征收企业所得税。2020年4月23日财政部、税务总局、国家发展改革委发布《关于延续西部大开发企业所得税政策的公告》（2020年第23号）将西部大开发企业所得税优惠政策再延续10年，即自2021年1月1日至2030年12月31日止，并且将鼓励类主营业务收入占企业收入总额下调为60%以上。马铃薯淀粉生产销售属于《西部地区鼓励类产业目录（2020年本）》中《产业结构调整指导目录（2019年本）》中第一类鼓励类中（一）农林类中第26条“农林牧渔产品储运、保鲜、加工与综合利用”为鼓励类项目，符合该项优惠政策规定。

（三）叠加享受优惠政策

根据《财政部国家税务总局关于执行企业所得税优惠政策若干问题的通知》（财税〔2009〕69号）第一条及第二条的规定，企业既符合西部大开发15%优惠税率条件，又符合企业所得税法及其实施条例和国务院规定的各项税收优惠条件的，可以同时叠加享受优惠政策。

第七节　行业会议对马铃薯产业的影响

由中国作物学会马铃薯专业委员会主办的“中国马铃薯大会”，由中国淀粉工业协会马铃薯淀粉专委会主办的“马铃薯淀粉产业论坛会”以及由农业部农业贸易促进中心主办的“中国国际薯业博览会”等会议正深刻影响着马铃薯种植业、加工业的发展，以上大会已成为解读国家政策、形成行业规范标准、碰撞学术思想、沟通科技信息、催生产业创新发展的重要平台。

一、中国马铃薯大会

从1996年举办“首届中国马铃薯大会”至2020年，中国马铃薯大会已成功举办了21届，大会搭建的学术和信息交流平台，把马铃薯作物科学研究与全产业链紧密结合，服务并见证了中国马铃薯产业二十余年跨越式发展的难忘历程！

尤其国家推行马铃薯主粮化战略以来的2015—2020年的几年间，中国马铃薯大会从北京延庆、河北张家口、贵州毕节、云南昭通、湖北恩施到甘肃定西一路走来，遍及燕山-太行山区、乌蒙山区、武陵山区和六盘山区等集中连片特困地区，为大会举办地的马铃薯产业发展提升摇旗呐喊。

毫无疑问，每一届中国马铃薯大会既是一次马铃薯学术研讨的盛会，也是一次马铃薯行业之间深化合作的盛会，更是一次推动马铃薯产业高质量发展的盛会。通过举办大会这个机遇和平台，让每一位参会的马铃薯人开阔了视野、启发了思路、探明了路径、坚定了信心、收获了希望，也深刻地认识到马铃薯产业发

中国马铃薯大会展厅

展的任重道远和广阔前景。

同时，每一届大会的举办，对马铃薯产业创新发展，马铃薯产业与脱贫致富，与主食化推广，与美丽乡村建设……都具有里程碑意义，并对推进各主产区马铃薯绿色发展、转变生产方式、促进产业带动地方经济社会发展具有十分重要的意义。

二、中国国际薯业博览会

中国国际薯业博览会（简称“薯博会”）创办于2010年，由农业部农业贸易促进中心主办，旨在加强中国薯类产业的国际交流与合作，促进产品贸易和推动产业化发展，是目前在中国境内举办的唯一的国际性薯业展览会。截至2019年，薯博会已成功举办了10届。

每届薯博会都会邀请国际马铃薯中心以及美国、秘鲁、德国、法国、荷兰、丹麦、俄罗斯等马铃薯主产大国在马铃薯育种、加工领域的专家出席会议并做演讲。同时，还会邀请国内在马铃薯、甘薯、木薯、山药等薯类领域的专家进行学术研讨和技术交流，从而促进产业和市场整合、加强中外薯业国际交流、推动产

2019中国国际薯业博览会

业健康和可持续发展。

薯类作物营养丰富，富含淀粉、膳食纤维、维生素及矿物元素等成分。中国是目前世界上最大的薯类生产国和消费国之一，也是世界上薯类资源最丰富的国家，其中马铃薯和甘薯的种植面积和产量均居世界第一位。现在，薯业发展在促进我国农业发展、增加农民收入、保障国家粮食安全等方面发挥着越来越重要的作用。因此，薯博会的举办，一方面“让世界聆听薯业的声音”；另一方面也让人们更多地了解和认知薯业及薯类食品的魅力。

三、马铃薯淀粉产业论坛会

从2006年开始，中国淀粉工业协会马铃薯淀粉专委会每年都要举办一到两次会议，春季的3—5月份会举办一次会长办公会（只邀请会长、副会长单位及核心企业负责人参加），每年7—8月份在新产季开始前举办会员大会。每届会议都有独立的主题，为行文方便，暂且统称为“马铃薯淀粉产业论坛会”。

分析产业痛点，解决产业发展面临的各类问题，分享先进的工艺技术，促进产业健康、可持续发展是会议永恒的主题。例如2014年马铃薯淀粉产业论坛会

3月18日在北京召开，会议总结了协会2013年的工作，并提出了2014年的工作主要方向。会议还分析了2014年马铃薯淀粉市场形势及相应经营策略，讨论了《淀粉工业污染防治政策征求意见》修改意见稿。又例如2019年的马铃薯淀粉产业论坛会会员大会8月19日在安徽合肥举办，此次大会充分交流、研讨了国内外行业发展态势和问题，同时推广了一些经过行业应用验证，具有先进利用价值的新技术、新工艺、新装备，来提升企业生产技术水平和产品质量；在食品安全法律法规、科学使用国家减税降费政策等方面进行辅导学习。

现在，“马铃薯淀粉产业论坛会”已成为行业发展中不可或缺的重要一环，它是解决产业发展问题的智脑、是各类新技术展示和交流的平台、是凝聚行业人心的精神家园。

中国马铃薯大会、中国国际薯业博览会、马铃薯淀粉产业论坛会，无论是宏观的学术思想启迪，还是细微、具体的新技术推广，抑或是国际薯类产品的展示交流，都宛如细雨润物般在促进马铃薯产业向更加美好的明天发展。

呼和浩特华欧淀粉制品有限公司
HUHHOT HUAOU STARCH CO.,LTD.
华欧淀粉
马铃薯淀粉工业水发展循环
经济技术示范基地
地 址：内蒙古呼和浩特市和林格尔县呼清路 98 号
邮政编码：011500
电话 (Tel): +86(0)471 7191930 7191585
传真 (Fax):+86(0)471 7197725
邮 箱 (Email): Email@huaou.com
网址 Http://www.huaou.com.cn

05

环境技术篇

——青山绿水是金山

马铃薯淀粉生产中产生的废水主要来自两个部分：一为清洗工段清洗马铃薯产生的废水。这部分废水主要成分为马铃薯表面的泥沙，废水中主要污染物为悬浮物，通常在生产过程中经竖流沉降或旋液沉降等简单的沉淀处理后就可循环使用。二为提取工段的废水。这部分废水由两个生产阶段产生：一是淀粉乳提取产生的废水，俗称汁水，主要是原料中马铃薯自身的含水量，即细胞液，汁水中的蛋白质含量较高；二是淀粉洗涤提取过程产生的废水，生产过程中对水质的要求高，但用水量小，也称洗涤水或工艺废水，该废水中主要含有细纤维、细小淀粉、蛋白质等有机物，COD、BOD浓度非常高。目前马铃薯淀粉企业排放的污水主要为汁水和工艺废水。

第一节　我国马铃薯淀粉工业环境保护相关法律法规

2010年，环境保护部发布实施了《淀粉工业水污染物排放标准》（GB 25461—2010），要求淀粉企业废水直接排放企业COD浓度执行100mg/L，间接排放企业COD浓度执行300mg/L。2015年1月1日环境保护部发布实施《淀粉废水工程治理技术规范》（HJ 2043—2014）。

鉴于马铃薯淀粉季节性生产、废水中污染物浓度高以及废水处理工艺技术可行性较差等问题，2010年中国淀粉工业协会向环境保护部请示马铃薯淀粉加工汁水还田事宜，环境保护部高度重视，组织专家多次论证，环境保护部科技司出具了《关于"马铃薯淀粉工业水发展循环经济技术"的复函》，肯定"马铃薯淀粉生产废水具有一定肥效，可将其用于农灌"，"建议先在有足够消化水量的大面积平原地区开展试点，跟踪了解详细情况，积累运行数据并开展环境影响评估"。

2016年10月，宁夏回族自治区人民政府向环境保护部提交了《宁夏回族自治区人民政府关于商请从环保政策上支持固原市马铃薯淀粉加工废水汁水还田技术治理污染的函》（宁政函〔2016〕136号），时任环保部部长陈吉宁做出重要批示："如满足农田再回要求，可尽快予以支持。"并成立专家调研组，中国淀粉工业协会周庆锋副会长参加赴宁夏就马铃薯加工废水汁水还田可行性调研。2017年1月，环境保护部根据调研组调研情况，出台《关于支持固原市开展马铃薯淀粉加工废水汁水还田利用研究试点工作的复函》（环水体函〔2017〕6号），明确指出："我部支持你区在固原市划定有限区域，开展马铃薯淀粉加工废水汁水还田利用研究试点工作。"

2018年6月，生态环境部发布了《排污许可证申请与核发技术规范 农副食品加工业—淀粉工业》（HJ 860.2—2018）。根据《固定污染源排污许可分类管理名录》（2017年版）（环境保护部令第45号），淀粉工业2018年完成排污许可证的发放，企业要持证排污，按证排污。《排污许可证申请与核发技术规范 农副食

马铃薯淀粉加工汁水还田喷灌基地

品加工业—淀粉工业》(HJ 860.2—2018)中要求废水排放去向为：直接排放、间接排放、其他（其他指污水用于土地利用等非排入环境水体的去向）。其中明确规定：薯类淀粉进行土地利用时，应符合国家和地方有关法律法规、标准及技术规范文件要求。

2018年9月，以中国轻工业清洁生产中心作为技术支撑单位，中国淀粉工业协会发布了《马铃薯淀粉工业有机肥水农田利用技术规范》(T/SIACN 01—2018)。T/SIACN 01指出还田的基本要求为：(1)马铃薯淀粉生产废水还田企业应根据自主经营的还田土地（包括与其他法人签约流转的土地）对还田废水的消纳能力，确定企业的生产规模；(2)马铃薯淀粉生产废水还田前应对汁水中的蛋白质进行提取，蛋白质提取标准设备的处理能力应与其加工淀粉产生汁水量相匹配，蛋白质提取后的生产废水作为有机肥水进行还田；(3)汁水还田企业应依据肥水还田的定量规则，严格限制还田水量，并通过种植农作物吸收消纳有机质，实现“肥水还田—农作物种植消纳—肥水还田综合利用”的良性循环，如果土地条件有限，过量排灌，导致农作物不能正常生长，消纳，形成面源污染，则禁止使用还田模式；(4)对于无相应消纳土地的马铃薯淀粉生产企业或集聚区，应建立企业污水处理设施或集中污水处理设施，废水排放应满足《淀粉工业废水排放标准》(GB 25461—2010)中的相关要求。此外，技术规范还提出了还田技术要求、环境质量监测要求、面源污染防治要求、预警机制及应急预案、运行管理要求等进行了规定。同时为进一步提高《马铃薯淀粉工业有机肥水农田利用技术规范》(T/SIACN 01—2018)的可操作性，2019年，中国淀粉工业协会与中国轻工业清洁生产中心联合行业内10家骨干企业编制了《马铃薯蛋白粉提取操作技术规范》及《马铃薯蛋白粉产品标准》，两项标准在当年8月18日正式发布并对全行业起到了重要的引领作用。

2018年12月，根据中国轻工业清洁生产中心对《淀粉工业水污染物排放标准》(GB 25461—2010)实施评估结果可知，《淀粉废水工程治理技术规范》(HJ 2043—2014)中规定的工艺对于玉米淀粉废水处理有较大的经济性和技术

周庆锋查看汁水还田基地的谷子长势

《马铃薯淀粉工业有机肥水农田利用技术规范》发布及宣贯培训会

可行性，但难以保证马铃薯淀粉企业废水的稳定达标排放。

2019年4月，内蒙古自治区武川县人民政府发布了《武川县人民政府关于推进全县马铃薯淀粉工业有机肥水农田利用的通知》（武政字〔2019〕10），通知指出：按照中国淀粉工业协会2018年发布的《马铃薯淀粉工业有机肥水农田利用技术规范》（T/SIACN 01—2018）进行建设，推动了武川县马铃薯淀粉工业有机肥水农田利用项目。

2020年5月，内蒙古自治区乌兰察布市生态环境局发布了《关于印发商砼等五个行业环境准入和监管措施（暂行）的通知》《马铃薯淀粉加工企业环境准入和监管措施（暂行）》（乌环发〔2020〕141号），按照中国淀粉工业协会发布的《马铃薯淀粉工业有机肥水农田利用技术规范》（T/SIACN 01—2018）全面提升乌兰察布市马铃薯淀粉工业污染治理水平，规范有机肥水农田利用项目建设。

除淀粉提取过程产生的汁水外，马铃薯淀粉企业的恶臭污染也一直困扰企业发展，按照《排污许可证申请与核发技术规范 农副食品加工行业—淀粉工业》(HJ 860.2—2018)及《排污单位自行监测技术指南 农副食品加工业》(HJ 986—2018)中的相关要求，马铃薯淀粉企业厂界污染物臭气浓度执行《恶臭污染物排放标准》(GB 14554—1993)中相关限值要求，监测频次为半年一次。

第二节 国外马铃薯淀粉工业环境管理现状

1990年，日本科学家在《淀粉科学手册》一书中提出："在马铃薯中含有氮0.3%、磷酸(P_2O_5)0.1%、钾(K_2O)0.5%，在淀粉制造之中P_2O_5的70%、其余成分的90%左右均转移至废水中，因而可以将这些废水返回到旱地和草地作肥料利用""废水作为肥料和灌溉方面的利用，其条件是需要有广大的土地，这是将原料从土壤中摄取来的物质重新还给大地，只要当地的条件许可，这乃是一种最好的处理方法。"

2002年开始，美国加利福尼亚州相关管理部门召集学者研究发布了《食品加工/洗涤废水土地利用技术指南》(Manual of Good Practice for Land Application of Food Processing/Rinse Water)，对该类废水的水质特征、还田土地、作物选择、还田量、施用技术、监测等方面进行了规定和指导。

2006年，美国环保局发布《城市排水土地处理的工艺设计手册》(Process Design Manual for Land Treatment of Municipal Wastewater Effluents)第11章案例中详细介绍了美国爱荷华州某公司自1973年起将马铃薯加工废水2650立方米/天施用于190公顷土地的情况。

2007年，加利福尼亚州发布了《食品加工/冲洗水土地利用的良好实践》(Manual of Good Practice for Land Application of Food Processing/Rinse Water)。

此外，加利福尼亚州还颁布了《水质控制法案》(Porter-Cologne Water Quality Control Act)，法案要求加利福尼亚州各地区制定为保护水质的流域规划，并以排污许可证的形式对水污染物排放进行管控，废水的土地利用也被纳入排污许可证管理中，要求企业在实施废水土地利用时提交相关申请，申请中须说明废水特征、生产工艺、地表水地下水情况、废水施用管理措施、监测计划等，获得排污许可证后可以按计划进行施用。

关于废水在农业灌溉中的再利用，由于缺乏支持性和连续性的政策体系（欧盟尚未发布相关指令），目前在欧盟国家尚未得到大规模应用。

欧盟通过综合污染防预与控制（IPCC）指令对工业污染源排放进行管理控制。该指令规定了工业源对空气、水和土壤的污染物排放的防治及事故预防等内容。2010年，该指令升级为工业排放指令（IED）,要求为行业制定最佳可行技术参考文件（BATBRFE），作为制定排污许可的重要参考，进而用于水污染物排放控制。目前欧盟已发布了食品、饮料和牛奶行业最佳可行技术参考文件。该文件对淀粉行业的全过程污染控制技术进行了总结和建议，其中也提出了淀粉加工废水可以经过初级处理（沉淀处理）后用于灌溉，但是在使用时应注意符合欧盟相关法律规定（如硝酸盐指令），同时，在灌溉前，应从以下方面进行评估。

（1）灌溉过程中，废水中所含物质是否对植物（或作物）的营养有益。包括：改进土壤pH平衡，提供肥料元素，如磷、氮等。

（2）灌溉后相关物质对地理学的影响；对土壤学（研究土壤组成、性质、分类等的科学分支）的影响；对气候和水文地质学数据（如粮食、畜禽卫生及环境）的影响。

（3）在使用过程中，是否可以对其中物质从源头到终点进行追踪，依赖于废水产生企业及使用人（如农民等）的共同合作。

（4）对预期影响的监测需要，如对土壤和地下水的分析等。

近几年，随着欧洲马铃薯淀粉工艺的不断创新及发展，全进全出（all in all out）的理念深入人心，除高品质淀粉外，食品级马铃薯蛋白质生产、饲料级马铃薯蛋白质生产、薯渣综合利用、汁水多效蒸发等工艺不断涌现，极大提高了马铃薯淀粉生产副产品转化率，降低了后续废水处理负荷。以马铃薯淀粉汁水中蛋白质提取为例，马铃薯淀粉生产提取蛋白质后，马铃薯淀粉生产废水中COD_{cr}的浓度可下降约50%，马铃薯淀粉蛋白质提取前后COD_{cr}的浓度对比如表5-1所示。

表5-1 马铃薯淀粉生产提蛋白质后废水COD_{cr}浓度对比

企业	蛋白质提取前COD_{cr}浓度/（mg/L）	蛋白质提取后COD_{cr}浓度/（mg/L）
1	>40000	18000~22000
2	46200	20513
3	41233	21499
4	47530	22366.7
5	56720	31733
6	42310	20000
7	20000	8000~10000
8	30000	10000~12000
9	26000	5000~6000
10	35000	15000
11	30000	10000~12000

第三节 我国马铃薯淀粉工业环境保护实践

一、汁水还田实践

与谷类生产淀粉不同，马铃薯淀粉生产过程属于纯物理过程，且不添加任何化学试剂，马铃薯淀粉生产汁水中含有丰富有机小分子物质和氮、钾、磷等营养成分及有机化合物，是植物必需的营养元素，可以将其作为有机肥水施用在农作物种植中。此外，我国以种植马铃薯为主的“三北”等地区，土壤贫瘠、严重干旱，而马铃薯淀粉加工有机肥水还田可增加土壤的养分、水分，极大地减少了化肥的施用量和节约用水。

我国马铃薯淀粉龙头企业内蒙古华欧淀粉工业股份有限公司、北大荒黑土薯业有限公司等都对马铃薯淀粉汁水还田做了多年的探索和积累，但不同产区土地资源、地貌特点、土壤肥力、政府监管等不尽相同，导致汁水还田模式在各产区实施情况也各有特点。

1．华北产区

内蒙古华欧淀粉工业股份有限公司位于内蒙古自治区呼和浩特市和林格尔县，地大物博，地势平坦，土壤以栗褐土和灰褐土为主，质地多为沙壤或轻壤，土壤肥力相对贫瘠。

华欧淀粉工业股份有限公司建于1992年，是中华人民共和国成立后国内最早建成的大型现代化马铃薯深加工企业，也是内蒙古自治区第一批农牧业产业化重点龙头企业。公司目前总资产约1.2亿元，年可生产加工马铃薯鲜薯13万～15万吨，生产、销售高品质、高纯度淀粉2万吨。公司全套引进瑞典拉尔森公司全旋流、全自控、全密闭生产设备，专业生产高品质马铃薯淀粉，近30年稳居行业领先地位。

华欧淀粉工业股份有限公司每年生产过程中排放的汁水和工艺水约15万立方米。20世纪90年代起，华欧学习瑞典、丹麦、德国等国家马铃薯淀粉汁水土地利用经验，投资4000多万元，自建防渗水池、承租2万亩土地，铺设约30千米地下管网，修建6个扬送泵站及动力配套和喷灌设施，建成马铃薯淀粉汁水土地利用示范工程。

华欧淀粉工业股份有限公司汁水和工艺水从生产车间排出后，先进入沉淀池进行沉淀，再抽入配水池，汁水配水为清水或洗薯水上清液，最后将配水后的汁水通过设施喷灌喷洒于农田，在春季（农作物播种前）或秋季（农作物收获后）使用喷灌管网定量作为底肥施用。

华欧淀粉工业股份有限公司已经连续20多年进行汁水还田，原来的沙梁荒地变成了肥沃的农田基地，还田土地农作物长势和产量明显优于对照农田，马铃

华欧公司的马铃薯淀粉工业水发展循环经济技术示范基地

薯、大豆、玉米等对比试验表现为植株高、壮、籽粒多，亩产量大，且年年保持丰产。

为有效预防污染，华欧公司分别在2012年、2015年、2018年、2020年对厂界恶臭按照《恶臭污染物排放标准》（GB 14554—1993）进行检测，对7口对照井、4口对照井按照《地下水质量标准》（GB/T 14848—2017）进行检测，对还田地块的10个土壤表层样、4个土壤表层对照样按照《土壤环境质量 农用地土壤污染风险管控标准（试行）》（GB 15618—2018）进行检测，厂界噪声按照《工业企业厂界噪声排放标准》（GB 12348—2008）进行检测。根据连续多年相关检测结果，内蒙古华欧淀粉工业股份有限公司采取工业有机肥水农田利用模式，未对地下水、土壤、环境空气造成污染。

2．东北产区

北大荒黑土薯业有限公司位于我国东北黑龙江省，土地资源优势明显，土壤以黑土为主，质地黏重，结构良好，持水量大，通气性差，土壤肥沃。

北大荒黑土薯业有限包括黑龙江省九三农垦北大荒马铃薯产业有限公司（九三公司）、北大荒二龙山马铃薯产业有限公司、薯丰马铃薯产业有限公司三家企业，其马铃薯淀粉加工采用的是荷兰阿法拉伐和瑞典拉尔森工艺，主要设备均为进口，除九三公司外，都配套了与汁水量相匹配的蛋白质热絮凝提取工艺，马铃薯淀粉生产废水在进行蛋白质提取后，进行汁水还田。三个企业的项目建设地点均是以农业生产为主要活动的农牧区，灌溉水资源紧缺，肥料主要是以化肥施用为主，容易造成土壤板结、养分缺失，危及土壤安全，也不利于人体健康，采用汁水还田的模式充分利用了汁水中的营养元素，有效减少了化肥的使用。

根据估算，九三公司、克山公司和二龙山公司每年汁水产生量分别约37万、56万、37万立方米，为保证有充分的土地资源消化马铃薯淀粉加工有机肥水，北大荒集团流转了大量农田，九三公司、克山公司、二龙山公司流转农田面积分别为40万亩（其中企业所在地农场有4万亩）、20万亩、20万亩，产权时间为50年，土地归属权明晰，不会与当地农民产生纠纷，可充分消纳马铃薯淀粉加工有机肥水。

根据2018—2020年，九三公司、克山公司和二龙山公司还田汁水监测报告，汁水中的重金属、无机盐等污染物均满足《农田灌溉水质标准》（GB 5084—2005）中相关限值的要求。

3. 宁夏产区

宁夏产区土地资源有限，土壤相对贫瘠，其土壤有机质、全氮及速效磷含量均在Ⅲ级水平，土壤整体呈现富钾贫氮的特点。

宁夏产区某民营企业采用蛋白质提取后汁水还田的模式，汁水还田工艺流程为：原料清洗水和蛋白质提取后的汁水收集沉淀池混合后通过封闭输送管道进入缓冲池，再由施用设备施用于农田，由收集沉淀池到缓冲池的主管网须安装流量计，记录废水产生量；由缓冲池输送至施用设施的管网也须安装流量计，记录每块农田的施用量。

根据地方政府发布的技术规范《马铃薯淀粉加工废水还田利用研究技术规范（试行）》中施用量计算公式测算，每亩地汁水施用量约50立方米，目前企业流转农田约2000亩，汁水还田土地以种植玉米为主。

二、达标排放实践

《排污许可证申请与核发技术规范 农副食品加工业—淀粉工业》（HJ 860.2—2018）中规定废水污染防治的可行技术主要包括：

（1）预处理：粗（细）格栅；沉淀；过滤；其他。

（2）生化法处理：厌氧处理（UASB、EGSB、IC或其他）；好氧处理（A/O、MBBR、SBR或其他）；厌氧处理（UASB、EGSB、IC或其他）+好氧处理（A/O、MBBR、SBR或其他）；其他。

（3）除磷处理：化学除磷（注明混凝剂）；生物除磷；生物与化学组合除磷；其他。

（4）深度处理：膜分离技术（超滤、反渗透等）；电渗析；人工湿地；其他。

《淀粉废水工程治理技术规范》（HJ 2043—2014）推荐了淀粉废水治理工艺为：预处理+厌氧生物处理+好氧生物处理+深度处理。

在我国京津冀周边及东北、西北等省份，都对我国马铃薯淀粉废水末端生化处理技术进行了一些探索。

东北地区某企业建设了“消泡+厌氧+好氧+氧化塘”废水处理设备，单个工厂投资近5000万元，废水处理后COD为150～300mg/L，运行成本约15元/吨水（厌氧工作温度25～30℃），后进入氧化塘。每年在9月降温之前废水经处理可以达标排放，但在马铃薯淀粉生产季节的大部分时间，由于环境气温过低（冬季11月之后气温到达零下20℃以下），运行效果不佳。

西北地区某企业投资1400多万建设了“气浮+化学混凝+厌氧+好氧”的废水处理设备。设计废水处理量为每天1200立方米，废水处理进口COD为35000 mg/L，处理后出口COD为150mg/L，处理后的废水排入城镇管网。废水处理设施位于室外地表，仅调温池位于地下，IC厌氧罐是密封罐体。厌氧工作温度

宁安淀粉机械公司设计生产的马铃薯废水处理蒸发器

35±3℃，好氧处理设施运行时水温在0~15℃。在环境气温过低时运行效果不佳。

根据《淀粉废水工程治理技术规范》（HJ 2043—2014）中的要求，生化处理工艺中厌氧生物处理工艺最适温度为32~35℃，而我国大部分马铃薯淀粉加工业主要在“三北”地区的9—11月和次年的3—5月生产，环境温度一般都在-10~10℃，淀粉提取后汁水的温度较低，生化处理技术如不额外采用加温保温措施，生化处理所必需的微生物活力无法保证，此外，马铃薯淀粉生产属于季节性生产，在“三北地区”冬季极端低温和次年5—9月份停产期，各工艺阶段微生物保存和快速启动都是较大的技术难题。

2018年后，蛋白质提取工艺在马铃薯淀粉加工企业逐步推广。目前，马铃薯淀粉生产汁水中蛋白质的提取一般采用热絮凝工艺提取，热絮凝蛋白质提取后废水温度较高，在一定程度上解决了生化处理工艺在马铃薯淀粉生产季由于气温低而导致的微生物活性差、处理效率低的问题和障碍。通过热絮凝蛋白质提取工艺去除马铃薯淀粉废水中的微小粒径淀粉、细小纤维、马铃薯蛋白质等，大幅度降低废水COD，减少后续处理工序的负荷，且提取的蛋白质可以作为饲料蛋白出售，产生一定经济效益。

河北地区某企业淀粉生产废水首先采用热絮凝工序进行蛋白质提取，经蛋白质提取后的废水至配水井，在配水井中将废水温度降低至35~38℃，然后用泵提升至PEIC厌氧反应器经蛋白质提取后的废水至PEIC厌氧反应器。当来水浓度过高时，絮凝沉淀罐出水进入水解酸化池进一步降低有机物浓度后泵入配水井。经过PEIC厌氧反应器后，增加氨氮吹脱塔，去除水中大部分的氨氮，减轻后续处理负荷。氨氮吹脱塔出水进入A/O池，去除大部分氨氮及剩余的有机物。A/O池出水进入二沉池，泥水分离后上清液进入芬顿氧化池进一步去除水体中有机物，保证出水稳定达标排放。目前，该企业的污水处理工艺由污水处理工艺供应商进行运维，保证生产季污水处理工艺的快速启动和微生物的活性。企业废水排放口安装有COD、氨氮、总氮、总磷、废水流量自动监测设备，废水出水水质均可以达到《淀粉工业水污染物排放标准》（GB 25461—2010）中间接排放的相关要求。

西北甘肃地区某企业淀粉生产废水采用热絮凝-气浮-膜生物反应器-纳滤-反渗透-活性炭吸附组合工艺对其进行废水处理。在气浮工序中投加PAC、PAM来提高气浮处理效果，气浮法可用于分离水中悬浮物，也可用于去除可溶性杂质，可以进一步降低废水COD，PAC、PAM的加药量根据气浮出水情况进行调整；膜生物反应器（MBR）可以有效地截留污水中的微生物，实现了污泥龄和水力停留时间的分离；纳滤反渗透的膜处理工艺可有效降低废水中的COD等污染物。根据对该处理工艺不同工序出水相关监测数据可知，该废水处理工艺对马铃薯淀粉废水的处理效果较好，对废水中COD_{cr}、悬浮物、氨氮、总氮、总磷的去除率分别为99.83%、94.68%、91.75%、99.62%、99.76%。废水处理工艺出水水质均可以达到《淀粉工业水污染物排放标准》（GB 25461—2010）中间接排放的相关要求。

西南地区某企业分别对工艺水进行蛋白质提取，对清洗水经渣水分离机去除杂质、水分离沉淀罐分离沉淀泥沙及时排除，清洗水经四级沉淀池沉淀后循环使用；清洗水和工艺水分开进入企业污水处理厂的沉淀池，沉淀池的工艺水与清洗水按比例混合后调整水温在40℃左右进一级厌氧池，发酵后进二级厌氧系统，厌氧出水经中沉池沉淀分离污泥，上清液进好氧（O/A）系统，厌氧发酵产生大量沼气（每天约5000立方米）作为清洁能源供锅炉使用，好氧出水经沉淀池回流，上清液进到自然氧化池达标排放，企业废水排放口安装有COD、氨氮、总氮、总磷、废水流量自动监测设备，出水水质均可以达到《淀粉工业水污染物排放标准》（GB 25461—2010）中直接排放的相关要求。

三、汁水多效蒸发实践

我国河北秦皇岛某淀粉企业位于某经济开发区，采用双薯（马铃薯、甘薯）加工生产线，采取错季生产，延长生产时间，建设蛋白质提取及薯渣综合处理生产线一条，年产植物蛋白质5000吨，薯渣纤维饲料10000吨，有效提高副产品的利用率，降低废水负荷。

针对不同生产环节废水水量及污染物浓度差距较大的特点，该企业废水采用

泰德康公司的马铃薯汁水蛋白生产线

将淀粉提取过程产生的汁水与原料输送清洗水分别处理的模式，其中汁水处理利用园区内其他企业产生的余热进行多效蒸发处理，多效蒸发后的固形物经干燥机烘干后作为饲料蛋白进行出售，蒸发产生的冷凝水经纳滤反渗透技术处理后回用至原料清洗环节，蒸发冷凝水经处理后废水重复利用率为95%，汁水多效蒸发处理模式在将废热进行重复利用的同时解决了马铃薯淀粉生产过程汁水水量大、COD浓度高、恶臭严重等问题；原料输送水和清洗水先进入沉降罐进行泥沙沉降处理，溢流清水进入输送水池进行循环使用，泥浆水添加助滤剂搅拌，再用泵打入板框压滤机压滤，过滤后含65%～70%水分的泥沙还田，清水进入水池，再进入超滤、纳滤、反渗透系统进行处理，处理后的废水进入园区污水处理厂，可稳定实现间接达标排放。

四、薯渣综合利用

马铃薯薯渣是马铃薯淀粉加工过程的副产物，薯渣含水率高，不易储存，大量薯渣堆积，若不及时处理，既占用场地，又容易腐败，产生恶臭。

大部分淀粉企业马铃薯薯渣是将薯渣以极低的价格卖给或送给附近的农户，由于其蛋白质含量低，直接作饲料时，纤维素含量较多，营养价值偏低，饲喂效果较差。

马铃薯薯渣中主要含有水、细胞碎片、残余淀粉颗粒和薯皮细胞或细胞结合物，其化学成分包括淀粉、纤维素、半纤维素、果胶、游离氨基酸、寡肽、多肽和灰分。马铃薯薯渣中的自带菌共15类、33种菌种，其中细菌28种、霉菌4种、酵母菌1种。由于薯渣中含有多种微生物，因此，去除薯渣中的水分利于长期储存，也利于运输和进一步利用。

目前，我国马铃薯淀粉行业马铃薯薯渣脱水大部分采用固液分离脱水通用设备，一种是多头带式压滤机，一种是卧式螺旋沉降离心机。

发酵是高值化利用薯渣非常有效的方法。薯渣中含有的淀粉和糖类物质可以通过微生物转化成发酵产品，如乳酸等。发酵后的薯渣适口性可明显改善，同时发酵后的薯渣含有益生菌，能改善动物消化道菌群，有利于动物的健康。

将马铃薯薯渣进行微生物发酵后，营养成分会产生一定的变化，如表5-2所示。发酵后的马铃薯薯渣的能量和有效成分含量虽没有显著变化，但是蛋白质和必需氨基酸含量大幅提高，粗纤维含量大幅降低，更适合应用于饲料生产。

表5-2　马铃薯薯渣发酵前后营养成分变化

项目	马铃薯薯渣	发酵马铃薯薯渣
能量/（MJ/kg）	16.08	12.39
干物质/%	12.35	27.95
有机物/%	80.12	74.85
蛋白质/%	3.93	18.89
粗脂肪/%	1.35	4.71
粗纤维/%	30.98	19.82
中性洗涤纤维/%	36.50	34.83
酸性洗涤纤维/%	21.25	29.78
钙/%	0.98	1.20
磷/%	0.12	0.08
果胶/%	18.15	11.72
淀粉/%	36.47	13.01
还原糖/%	3.93	18.17
氨基酸/%	1.55	2.32～3.28
必需氨基酸/%	4.85	9.11～12.14

目前，发酵后的薯渣有动物饲料和有机肥料两种综合利用方式。

罗仓学等（2017）以混菌固态发酵马铃薯薯渣生产活性蛋白饲料，采用不灭菌处理，对影响发酵菌种的各营养成分进行单因素和正交试验，得出最佳的马铃薯薯渣发酵培养基，其原辅料比（马铃薯薯渣与麸皮配比）为85：15、料水比为1：2、尿素添加量为2.0%、硫酸铵添加量为1.0%（以上均为质量比）。发酵完成后，马铃薯薯渣中真蛋白质含量、纤维素酶活和酸性蛋白酶活分别达到

18.11%、83.68U/g和1126.56U/g，粗纤维、果胶等抗营养因子很大程度被降解，发酵所得的蛋白质饲料营养品质好，更利于动物消化吸收，且操作方便，省时易行，能耗少，成本低。

内蒙古华欧淀粉公司与付道领研发团队（2020）在普通薯渣的基础上加入特定的益生菌，经过特定的工艺流程进行发酵处理，研究得出了最佳的工艺配方，在35℃的条件下发酵48小时，按湿薯渣的10%的发酵菌液添加。最终获得具有特定的保健功能和易消化特点的饲料，其分解产物是水、二氧化碳、乳酸、乙酸、乙醇、乙酸乙酯，还有各种酶等物质，没有臭味，有酸香味。在此基础上通过控制添加不同的动物益生菌组合和其他动物饲料营养成分，生产出不同的动物发酵饲料。通过对小试样本和大线采取的样本的检测，添加发酵液的薯渣营养成分有明显的提高：发酵处理后粗蛋白质的含量比原薯渣提高了21.4%～38.1%；发酵处理后可溶性蛋白质比原薯渣提高了57.1%～100%；发酵后过瘤胃蛋白比原薯渣降低了57.1%～34.7%；瘤胃可降解蛋白质比原薯渣提高了33.3%～54.9%（过瘤胃蛋白就是瘤胃不能消化吸收进入粪便的蛋白质；瘤胃可降解蛋白质就是瘤胃能够消化吸收变成羊肉的蛋白质）。发酵处理后薯渣中的肉羊消化蛋白质比原薯渣提高了33.1%～58.8%。

怀宝东等（2020）以马铃薯薯渣为主要原料，小麦麸皮为辅料，以黑曲霉、热带假丝酵母、解脂假丝酵母和啤酒酵母为协作发酵菌株进行好氧-厌氧固态发酵，以真蛋白质增长率为评价指标，研究以马铃薯薯渣为原料固态发酵SCP饲料的生产工艺。研究结果表明，最佳工艺条件为薯渣：麸皮（质量比）=85：15，硫酸铵添加量为2%，培养温度为32℃，培养时间72h，黑曲霉+热带假丝酵母+解脂假丝酵母+啤酒酵母接菌量均为1%，水分65%～70%，pH自然。在最佳条件下发酵产物中粗蛋白质和真蛋白质含量分别为20.28%和18.40%，与未发酵物料相比，粗蛋白质和真蛋白质含量分别增加了59.2%和194.4%，中试验证试验与优化工艺结果相一致。

有企业将薯渣与秸秆混合进行发酵，发酵熟化后的马铃薯渣可用于饲养猪和牛，口感清香，利于储存。

此外，内蒙古某生物科技有限公司将脱水后的薯渣与羊粪混合进行堆肥发酵生产有机肥料，有机肥料中有机质含量可达51%以上，有效活菌数大于8.2亿个/克。

第四节　马铃薯淀粉工业排污许可管理规定

国务院办公厅2016年11月印发了《控制污染物排放许可制实施方案》，要求到2020年，完成覆盖所有固定污染源的排污许可证核发工作。

根据《固定污染源排污许可分类管理名录》(2017版)，马铃薯淀粉企业实施重点管理的排污单位为：企业年加工能力1.5万吨薯类及以上的淀粉生产或者年产能1万吨及以上的淀粉制品生产（含发酵工艺的淀粉制品除外）；实施简化管理的排污单位为：除实施重点管理的以外，其他纳入2015年环境统计的淀粉和淀粉制品生产。

马铃薯淀粉工业排污单位中，执行《锅炉大气污染物排放标准》(GB 13271—2014）的生产设施或排放口，按照《许可证申请与核发技术规范 锅炉》(HJ 953—2018）中的相关规定执行。

2018年6月，生态环境部发布了《排污许可证申请与核发技术规范 农副食品加工业—淀粉工业》(HJ 860.2—2018)。企业在正式生产期间需严格按照排污许可证排污，不得超标、超总量。

《排污许可证申请与核发技术规范 农副食品加工业—淀粉工业》(HJ 860.2—2018）中规定废水排放的相关许可内容如下。

一是单独排放时，对于淀粉工业排污单位废水直接或间接排向环境水体的情况，应依据GB 25461—2010中的直接排放限值或间接排放限值确定排污单位废水总排放口的水污染物许可排放浓度。地方有更严格排放标准要求的，按照地方排放标准从严确定。

二是混合排放时，在淀粉工业排污单位的生产设施同时生产两种或两种以上类别的产品、可适用不同排放控制要求或不同行业污染物排放标准时，且生产设施产生的污水混合处理排放的情况下，应执行排放标准中规定的最严格的浓度限值。

三是废水回用时，要求达到相应的回用水水质标准。

四是薯类淀粉生产废水被用于土地利用时，应符合国家或地方有关法律法规、标准或规范（指南、导则等）。

《排污许可证申请与核发技术规范 农副食品加工业—淀粉工业》（HJ 860.2—2018）中规定自行监测的相关许可内容如下。

重点管理单位废水排放口流量、pH、化学需氧量、氨氮采用自动监测；五日生化需氧量、悬浮物采用按月（直接排放）或按季（间接排放）；总氮、总磷采用按月/自动监测。

简化管理单位废水排放口流量、pH、悬浮物、化学需氧量、氨氮、总氮、总磷、五日生化需氧量采用季度监测（直接排放）或季度监测（间接排放）。

淀粉烘干、蛋白质烘干工序废气排放口监测频次为半年一次，监测污染物为颗粒物。

有生化处理设施的排污单位，厂界臭气浓度、氨、硫化氢的监测频次为半年一次；所有排污单位厂界臭气浓度、非甲烷总烃的监测频次为半年一次。

2015年1月1日起实施的《中华人民共和国环境保护法》及2020年12月国务院常务会议通过的《排污许可管理条例》（草案）都对排污许可包含相关内容、违法行为、处罚情形做了明确的规定。

《排污许可管理条例》（草案）中明确根据污染物产生量、排放量、对环境影响程度等，对排污单位实行分类管理，规范排污许可证申请审批程序，要求排污单位建立环境管理台账记录制度，公开排放信息，强调加强事中事后监管，对违法行为加大处罚力度，采取按日连续处罚和停产整治、停业、关闭等措施从严处理，提高违法成本。

《排污许可管理条例》（草案）第四条指出：排污单位应当依法申领排污许可证，按照排污许可证的要求排放污染物。未取得排污许可证的，不得排放污染物。

《排污许可管理条例》（草案）第十条【申请对象】实行排污许可重点管理和简化管理的排污单位，应当按照本条例规定，向有核发权的生态环境主管部门申请排污许可证。同一法人单位或者其他组织所属、位于不同生产经营场所的排污单位，应当以其所属的法人单位或者其他组织的名义，分别申请排污许可证。

《中华人民共和国环境保护法》第四十五条规定，实行排污许可管理的企业事业单位和其他生产经营者应当按照排污许可证的要求排放污染物；未取得排污许可证的，不得排放污染物。

《中华人民共和国环境保护法》第五十九条规定，企业事业单位和其他生产经营者违法排放污染物，受到罚款处罚，被责令改正，拒不改正的，依法作出处罚决定的行政机关可以自责令改正之日的次日起，按照原处罚数额按日连续处罚。

《排污许可管理条例》（草案）第六十三条【超浓度超总量】违反本条例规定，超过许可排放浓度、超过许可排放量排放污染物的，由设区的市级以上地方生态环境主管部门责令改正或者限制生产、停产整治，每种污染物、每个排污口分别处十万元以上一百万元以下的罚款；情节严重的，报经有批准权的人民政府批准，责令停业、关闭。

小结：排污许可制度的核心是强化企业发挥主体责任，依法按证排污，推动企业主动承诺环保责任。排污许可证将是企业生产运行期污染排放行为的唯一行政许可，排污许可证不仅规定了企业的排污浓度限值和排放总量的限值，而且还规定与之相关的环境管理要求。对企业而言，排污许可证上有规定的，必须按证排污，没有规定的，则不能排放。这将促使企业及时排查污染物排放环节，梳理应当遵守的各项环保法律法规要求，及时申领排污许可证并向社会公开，承诺按照排污许可证的规定排污并严格执行，确保实际排放的污染物种类、浓度和排放量等达到许可要求。排污许可证既能帮企业建立守法边界，也可以促使企业主动了解其环保责任并履行。

第五节　马铃薯淀粉工业环境保护“十四五”发展趋势

马铃薯淀粉加工行业废水排放具有水量大、有机质浓度高、水质水量波动幅度明显等特征。目前，马铃薯淀粉加工企业只有极少数企业废水实现达标排放，大部分企业废水都以汁水还田模式处理。从汁水还田模式看，由于华北、东北、西北土地等资源禀赋差异较大，各产区地方政府对单位面积还田土地汁水施用量管理也各有差异，此外，由于还田监管部门和环评审批等管理部门独立运行，未形成合力，对汁水还田企业缺少有效的监管方式，企业在实际进行还田实践时也未能严格按照技术规范的要求执行。

此外，与我国其他行业工业相比，我国的马铃薯淀粉加工企业空间分布散乱，以小型企业为主，产业集约化水平低，没有入园统一管理，由于原料本身特点所限，副产品提取及综合利用率低，大多企业没有进行节水、减排等清洁化改造，废水排放量大，造成水资源浪费。

2015年《水污染防治行动计划》明确指出狠抓工业污染防治，专项整治农副食品加工等十大重点行业，实施清洁化改造。

2018年，为落实《水污染防治行动计划》《“十三五”生态环境保护规划》《长江经济带生态环境保护规划》等，环境保护部印发了《关于加强固定污染源氮磷污染防治的通知》（环水体〔2018〕16号），通知指出将农副食品加工业等17个行业列为固定污染源氮磷污染重点行业。2019年年底前，基本完成氮磷排放重点行业企业超标整治工作，高度重视固定污染源氮磷污染防治。

“十四五”期间，针对马铃薯淀粉加工企业规模小，各地小散乱污企业较多的特点，行业应向集约化、规模化、集团化方向发展；实施重点企业清洁化改造，设置行业企业环保、规模等准入门槛；鼓励同类别企业入园区进行统一管理，园区废水集中处理，解决单一薯类淀粉企业废水处理成本高、难持续的问题。

06
市场应用篇

——加薯抵万金

淀粉是植物储备的营养物质，它贮存于植物的种子、块茎及根里。植物中的叶绿素利用太阳光能把二氧化碳和水合成为葡萄糖，葡萄糖在磷酸化酶的作用下，把两个α-D-葡糖糖分子缩合成麦芽糖，麦芽糖再进行缩合，形成淀粉。马铃薯淀粉的含量受品种、气候、土质以及其他生长条件的不同而不同。西北、东北等地的晚熟品种淀粉含量较高，薯块中的淀粉含量在15%～25%，中原二作区及西南混作区和南方冬作区马铃薯淀粉含量较低，为8%～16%。

马铃薯淀粉是马铃薯深加工制品的一种，颜色洁白，并伴有晶体状光泽，气味温和，被誉为淀粉中的“贵族”。具有颗粒径大、黏性大、糊化温度低、透明度高、吸水力强、微量元素含量高等优点，理化指标及工业应用性能更佳，现在被广泛应用于食品、医药、石油化工、造纸、纺织、饲料、发酵、铸造、建材等工业领域。

第一节　马铃薯淀粉的特性

马铃薯与小麦、玉米、木薯并称“四大淀粉作物”，尽管玉米淀粉产量最大，价格低廉，但马铃薯淀粉拥有其他淀粉不可替代的独特性能。

（1）大颗粒。马铃薯淀粉的粒径一般为35～105μm，比玉米淀粉、木薯淀粉、豌豆淀粉和小麦淀粉的粒径都要大。

（2）高黏度。淀粉的黏度取决于其支链淀粉的聚合度，马铃薯支链淀粉的含量高达79%以上，因此，其糊浆黏度非常高。

（3）低糊化温度。木薯淀粉的糊化温度为65℃，甘薯淀粉的糊化温度为80℃，玉米淀粉的糊化温度为72℃，马铃薯淀粉的糊化温度为64℃，在三大薯类淀粉及玉米淀粉中糊化温度最低。不同种类淀粉工业指标及糊化性质比较见表6-1。

（4）高透明度。马铃薯淀粉的颗粒大且结构不够紧密，在淀粉中加入热水时能够使其完全膨胀、糊化，从而使糊浆变得透明。此外，影响马铃薯淀粉糊浆透明度的原因是其化学分子结构式中有缩合的磷酸基且不含有脂肪酸。马铃薯淀粉本身结构松散，在热水中能完全膨胀、糊化，糊浆中几乎不存在能引起光线折射的未膨胀、糊化的颗粒状淀粉，譬如玉米、小麦等淀粉的糊浆一般呈白色浑浊，这种白色浑浊的产生就是因为淀粉的分子结构中含有脂肪酸造成的。

（5）强吸水性。淀粉都具有一定的吸水能力，并且其吸水能力随着温度的变化而发生相应的改变。马铃薯淀粉的含水能力非常高，在适当的温度和环境条件下，马铃薯淀粉膨胀时可以吸收比其自身的质量多398～598倍的水分。

（6）品味温和。马铃薯淀粉味道温和，基本无刺激性，没有玉米淀粉、小麦淀粉、豌豆淀粉那种典型的谷物味。

表6-1　不同种类淀粉工业指标及糊化性质比较

项目	马铃薯淀粉	木薯淀粉	玉米淀粉	小麦淀粉	备注
水分/%	18～20	13～15	12～14	12～13	
黏度/BU	很高（>1300）	中等（<500）	低（<250）	很低（<150）	
纯度	很高	高	低	中等	
膨化度	很高	中	低	低	
糊化温度	60～65℃	60～65℃	75～80℃	80～85℃	低者节能、性佳
颜色	洁白	白	稍黄	稍黄	
糊透明度	非常透明	透明	不透明	模糊	

续表

项目	马铃薯淀粉	木薯淀粉	玉米淀粉	小麦淀粉	备注
糊长度	很长	长	短	短	
抗剪切性	低	低	中等	低	
凝沉性	低	低	高	高	高者易老化
膨胀力	1153倍	71倍	24倍	21倍	
蛋白质/%	0.1以下	0.15	0.35	0.4	低者质优
脂肪/%	0.05	0.1	0.8	0.9	低者质优
磷/（mg/kg）	0.08	0.01	0.02	0.06	高者质优
溶解度/%	82	48	25	41	
颗粒度/μm	100	35	30	45	
膜强度	很高	高	低	低	
工业性能整体评价	很好	好	差	差	

因为马铃薯淀所具备的以上优秀品质，现在，马铃薯淀粉是各类食品生产中必需的乳化剂、增稠剂、稳定剂、膨化剂、赋形剂、填充剂的重要原料。也是香肠、火腿肠等肉类制品，薯条、薯片等膨化类食品，馒头、面条等主食类食品以及冷冻类食品、酱类、泥类、汤类、饮料、制糖、水产品等食品领域的重要原辅料。同时，马铃薯淀粉的衍生品多达2000种以上。

马铃薯淀粉的各类衍生产品

第二节　马铃薯淀粉的主要用途

由于马铃薯淀粉颗粒径大、糊化温度较低、黏度高、弹性好、蛋白质含量低、无刺激、口味温和、颜色较白、不易凝胶和不易老化等特性，在一些行业中具有其他淀粉不可替代的作用，比如在医药工业、高端食品工业及造纸和纺织等领域。

一、用于食品工业

1．糖果类

马铃薯淀粉黏度高、膨胀力大，所以，在糖果生产中可以用作填充剂和糖衣。譬如奶糖生产中加入马铃薯淀粉，可以增加奶糖的体积，增强奶糖的弹性和细腻度，极大地改善产品的口感和咀嚼感；马铃薯淀粉的高透明度和强吸水性的特点适合用于明胶糖果的生产，淀粉与明胶的融合使糖果韧而不硬，滑而不黏，具有良好口感和弹性，同时也降低了成本。

2．主食化产品

马铃薯淀粉白度高，且具有黏度高、弹性好的特性，以优质马铃薯淀粉和精致小麦粉为主要原料，按照黄金配比进行研磨混合，通过配方优化与家庭烹饪制作工艺创新，薯麦混合粉烹饪工艺简单、所需时间短，适合用于家庭厨房制作各种面食。薯麦混合粉富含维生素C、B族维生素、膳食纤维及钙、锌等矿物质，脂肪含量低，含有18种氨基酸，包括人体不能合成的各种必需氨基酸，营养丰富且全面均衡。此外，马铃薯淀粉还能够增加面食的韧度，降低面块的含油率，使得面食口感筋道、爽滑，色泽饱满，风味独特；还可防止面包变硬，从而延长保质期。

3．烘焙食品

马铃薯小馒头营养价值高、酥脆可口，是小朋友非常喜欢的儿童食品，它的主料是马铃薯原淀粉，辅料是鸡蛋、蔗糖、蜂蜜，经过搅拌成形后，采用高温烘烤工艺。要求马铃薯淀粉颗粒要大，具有一定的膨胀性。在烘烤时，大量的水分从淀粉颗粒中分离出来从而膨胀。

现在，马铃薯淀粉及马铃薯变性淀粉是烘焙产品中必不可少的重要辅料。对烘焙产品具有提高持水和保水性、膨胀性、光滑性、黏附性、细腻的质构性等方面的功能，同时，还具有作为脂肪替代品及提高膳食纤维功效的作用。

4．肉类制品

马铃薯淀粉是肉类制品中的重要辅料，在肉制品制作过程中起着改善口感、吸水保水、吸附脂肪等至关重要的作用。马铃薯淀粉的高透明度，可以防止肉制品发生色变，可以长时间保持鲜亮，提高了肉制品的保水性，避免食物腐败变质。同时，也降低了亚硝酸盐及色素的使用量。另外，在香肠产品制作过程中加入马铃薯淀粉，一方面可以使食品的口感更佳；另一方面可以减少鲜肉的使用量，降低成本。在灌肠中加入马铃薯淀粉，不仅可以使灌肠更加饱满，在蒸煮过程中，淀粉还可以将水分吸收、糊化，从而提升灌肠的口感。

5．乳制品

在各类乳制品中马铃薯淀粉也扮演着非常重要的角色，比如在酸奶生产加工过程中，加入马铃薯淀粉，它特殊的吸水性、成形性、糊化性、膨胀性、熔融性可以给酸奶增加黏稠度、透明度及口感，让酸奶在一系列工艺操作及发酵后品质更高。另外，奶棒、奶片、冰激凌等乳制品生产中加入马铃薯淀粉，都可以提升品质，增加口感风味。

6．水产品

鱼虾河蚌等各类水产品制品是我国东南沿海及日本的传统食品。在粉碎的鱼肉加工中放入马铃薯淀粉，一是可以改进加工工艺，让产品的加热工序更简便；二是有助于保持食品水分，增强食品弹力的功能；三是不会使肉制品变味，使食品口感食味更好。

7．酱料类

马铃薯淀粉是一种优秀的增稠剂，可广泛使用在酱料类食品中。一方面可降低生产成本；另一方面可稳定酱料的品质，在长时间存放的情况下也不会出现分层现象，而且赋予产品光泽的外观和细腻的口感。酱料产品多含有较高的盐分，而pH的变化也较大，一般需经高温消毒过程。其中伴随着中等到激烈的搅拌或均质作用，再加上各种酱料在组织状态、酸性程度和乳化效果等方面的要求不一，这时马铃薯淀粉的作用就显得非常重要，因为它可改善酱料的流变性，增强附着性和挂壁感。此外，使用了马铃薯淀粉的酱料产品质量稳定，长时间存储不沉淀、不分层，并且酱的外观有光泽，口感细腻。

8．饮料

在果汁饮料和碳酸饮料生产中，加入亲脂性淀粉，可作为乳化液稳定剂，取代干酪素、明胶和阿拉伯胶的应用。除了能形成稳定的乳化液外，亲脂性淀粉能赋予乳浊液稳定性，能减少高达25％的胶囊剂用量，并且由于形成乳化液的能耗较少，节省了生产成本。

9．冷冻食品

在很多冷冻食品中，变性的马铃薯淀粉主要作用是增稠、改善质构、抗老化和提高感官质量等。如汤圆经冷冻后皮易裂口，不能反复冷冻融化。倘若在制作汤圆的糯米粉中添加5％左右的醚化马铃薯淀粉，就能起到黏合和润湿作用，从而避免皮的破裂和淀粉回生，减少蒸煮时出现汤的黏稠现象，降低汤内固形物的量。

二、用于医药工业

1．用作医药辅料

医药生产离不开淀粉，譬如片剂的主要原料就是淀粉。马铃薯淀粉颜色洁白，性味温和，原料资源丰富，是目前制药行业重要的医用辅料。另外，随着变性淀粉等原淀粉衍生物的迭代升级，医药工业更离不开淀粉。

2．用于植物胶囊生产

以植物淀粉（如马铃薯淀粉、木薯淀粉、豌豆淀粉等）为基材原料生产的胶囊称为植物胶囊，是一种健康安全、绿色环保、天然无公害的新概念产品。其

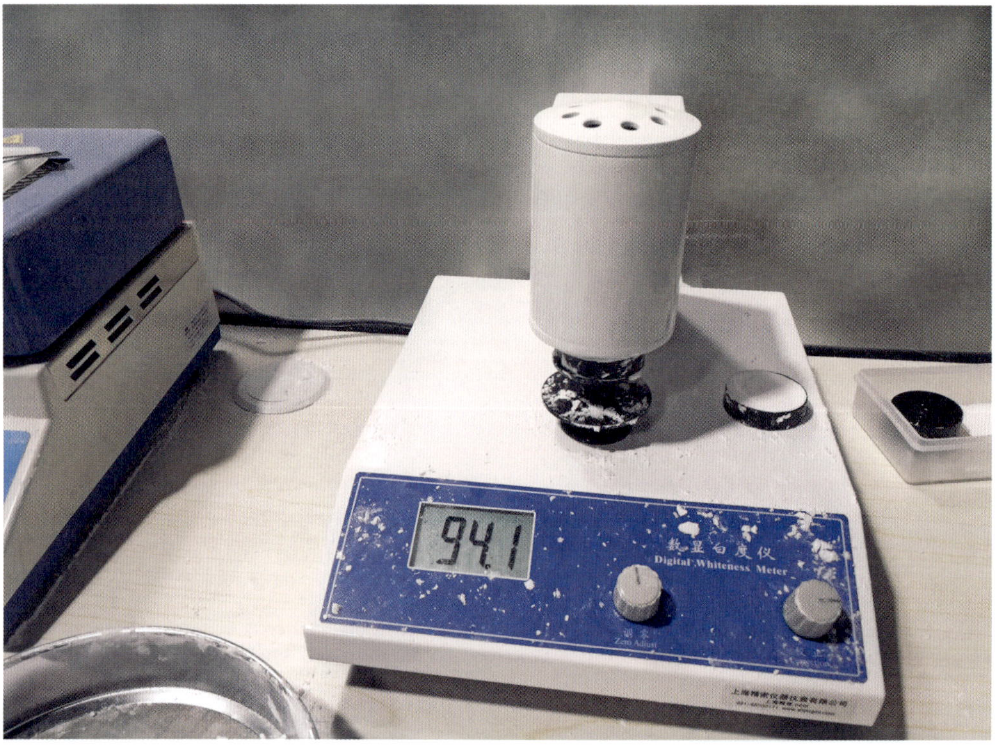

淀粉白度测试

实，早在1974年美国就开始研制植物胶囊，现在，欧美国家已经大量使用更加安全健康的植物胶囊。

马铃薯淀粉是以马铃薯为原料加工而成的由多葡萄糖分子组成的一种白色粉状物，其理化指标为：白度（457nm蓝光反射率）≥92%，水分≤20%，黏度（4%浓度，700cmg）≥1300BU，蛋白质（干物质中含量）≤0.10%。产品具有高白度、高透明度、高黏度、低糊化温度、高聚合度、低蛋白质、低脂肪残留量、低酸性，良好的成膜性、抗凝沉性等特性，是制作植物胶囊材质的首选。将马铃薯淀粉经过碱化、醚化反应处理，其分子结构和理化性质发生变化，生产出了新的淀粉衍生物——变性淀粉，从而获得适合生产植物胶囊的原料。

马铃薯淀粉胶囊及其他植物胶囊拥有诸多优点和广阔的市场前景。首先，用在医药中，淀粉胶囊能有效刺激药物活性，增强药物的吸收率；其次，用在养生领域，淀粉胶囊能改善养生粉的口感，集养生和美味于一体；再次，用在食品领域，可以作为食品的包装袋，比如方便面的调料包等，该植物胶囊料包可食用、可溶于水，既方便又安全。此外，淀粉胶囊老少皆宜，所有人群（包括孕妇）都可以放心食用。同时，淀粉胶囊还是素食主义者和宗教信仰人群（如佛教信徒、伊斯兰教信徒等）的较佳选择。

三、用于造纸工业

淀粉是造纸工艺中最重要的原料之一，是除矿物质填充料外在纸张中的第二大成分；同时，造纸工业也是仅次于食品行业的第二大淀粉消费行业。现在，造纸工业上使用的天然或变性淀粉主要来自马铃薯、木薯、玉米和小麦。淀粉是一种生物可降解并且支持环保的多聚物，在造纸过程中作为功能与工艺添加物时，对造纸工业具有改善干强度、滞留性、疏水性、施胶性、成形性，减少灰尘，改进拉伸性与印刷性能的作用。此外，在造纸工艺上使用马铃薯淀粉还有以下优点：一是增强纸张的纸机运转性能，减少破损；二是改进滤水性，从而可以提高纸机车速，减少保持纸张性能所需的纤维精制的能耗，从而提高生产率；三是使用淀粉作乳化剂时可以加强碱性施胶的效果；四是可以使用低价的短纤维，增加纸张重量，改进成形性能，还可以降低成本。

此外，随着造纸业设备和工艺的更新以及用户对纸张要求的提高，高速度的纸张上浆机需要在10毫秒以内使纸张表面形成白膜，并且要求涂抹均匀，在常温下成形，这种要求只有马铃薯淀粉才能完成。

四、用于纺织工业

在纺织加工过程中，纱线织成布匹前需要经过经纱上浆工艺。淀粉类浆料能赋予经纱光滑的表面，改善其强度和耐磨性；同时，经纱上浆工艺还能提高纱的可织性，使纱在织布中少断头、不起毛。淀粉是再生性资源，廉价易得，近年来，淀粉浆料在纺织上的开发应用非常快，目前纺织浆料中70％是淀粉类。另外，织物的纱线是由许多纤维捻合而成的，在捻合过程中，由于纤维长度参差不齐，每根纤维的头尾均有可能露在纱线表面，形成起毛的外观。织布时，承受不了开口、投梭、打纬时的伸拉、折叠和摩擦，引起部分纤维断裂，使得纱条更加毛糙。使用淀粉经纱上浆后，单线纤维间黏结力增强，毛头伏帖，从而提高了纱线的强度。马铃薯淀粉具有还原染料的作用，能使颜色固定在布料上而不褪色，这个特点是其他淀粉无法取代的。

五、应用于其他行业

马铃薯淀粉及变性淀粉除了应用于以上四大行业外，还广泛应用于建材、石油、铸造、农业等几十个领域中。

譬如在建材工业中，原淀粉及预糊化淀粉、羟甲基淀粉、磷酸酯淀粉等变性淀粉是石膏板、胶合板、陶瓷板、墙面涂料等建筑材料的优质材料；淀粉是铸造工业的砂芯黏合剂；是石油钻井液的降失水剂，压裂液的降滤失剂和稠化剂，堵水中的调稠剂和强化采油的表面活性剂；是冶金工业浮选矿石抑制剂，金属表面处理的低温磷化液；橡胶工业的润滑剂；化妆品的填充剂等。

第三节　马铃薯淀粉的应用趋势

企业家亚柯卡说：“不创新，毋宁死！”

从欧洲马铃薯淀粉近百年发展史可以看出，淀粉产业在不断创新中发展，譬如淀粉被不停地赋予新的科技含量，从而衍生出更多的应用和产品。

这是马铃薯淀粉发展的趋势和使命。

现在，马铃薯淀粉除了直接利用外，还可通过物理、化学及生物化学的方法使其结构、性质发生改变，从而生产出具有不同特点性能的淀粉，业界称之为“变性淀粉”。目前在国际上，变性淀粉系列产品有2000多种，常用的360多种，我国投入工业生产和使用的有80多种。

做变性就是对马铃薯淀粉的一种应用创新。所谓变性淀粉是指利用物理、化学、生物的手段来改变天然淀粉的性质，通过分子切断、重排、氧化或在淀粉分子中引入取代基，可制得性质发生变化、加强或具有新性质的淀粉衍生物。

简而言之，变性淀粉就在淀粉固有特性的基础上，为改善淀粉性能，扩大其应用范围，采取一定手段进行二次加工处理后所得的淀粉。

变性淀粉一般是按照其变性处理方法来进行分类。

第一类为物理变性，主要包括预糊化淀粉（或者称为α-淀粉）、湿热处理淀粉。预糊化淀粉在高温状态下失去黏性并炭化为粉末，这一特性使其在铸造上得到广泛应用，譬如用于砂芯的黏合剂，制作的砂芯不仅清砂容易，而且具有表面光洁等特点；用于鳗鱼饲料，鳗鱼饲料是浮漂在水中供鳗鱼食用的，作为鳗鱼饲料的黏合剂应该具有不怕水、易于消化、无毒等特点，而马铃薯精淀粉的变性产物预糊化淀粉正好具备以上功能；用于石油钻井。预糊化淀粉具有抗高温和耐高压的特性，通常被用作石油钻井中泥浆的降失水剂，能有效地控制泥浆水分的滤失。此外，预糊化淀粉还会用作药片的黏合剂。

热处理淀粉主要强化淀粉分子，通过延迟分子膨胀来延迟黏度生成，是唯一的功能性原淀粉，可改善加工过程中对热、酸和剪切的承受力，提高生产效率。目前主要用于瓶装调味汁及已消毒的汤和调味品中。

第二类为化学变性，主要包括糊精、酸变性淀粉、氧化淀粉、酯化淀粉、醚化淀粉、交联淀粉、接枝共聚淀粉等。其中酸变性淀粉会用于食品行业的方便面中。马铃薯变性淀粉含有磷酸基团，其蛋白质和脂肪残留量很低，所以颜色洁白，具有天然的磷光，能有效改善面身的色泽。还有黏度高、弹性好、抗老化性强等特点，能显著改善面条的复水性，能提高面身的弹性和筋韧度，也可改变面团的流变性和降低面块的含油率；在造纸行业用于表面施胶剂、瓦楞纸板黏合剂；在纺织行业用于上浆剂；在建筑行业用于无灰浆墙壁结构用的石膏板等。

化学变性中的氧化淀粉主要用于造纸工业的表面施胶剂、涂布胶黏剂、瓦楞纸板的黏合剂；纺织工业的经纱上浆剂；食品工业的增稠剂等。

另外，化学变性中的酶法变性，主要包括直链淀粉、糊精、普鲁兰等。目前，酶法变性淀粉广泛用于医药、食品、造纸等行业；醚法变性是用磷酸、硝酸、硫酸处理淀粉而得，黏度比原淀粉高，可广泛用于食品工业中，代替阿拉伯胶和植物胶使用；酯法变性淀粉是用酯类及酶类处理马铃薯淀粉而得，主要有羟乙基淀粉、丙烯基淀粉等，现在被广泛用于造纸、纺织、涂料工业；接枝共聚类淀粉，具有极强的吸水能力，能保持水分，在农业上作为种子的包衣剂，保证干旱的情况下获得丰收。另外，它还可治疗烧伤，在食品工业上作增稠剂使用，消除重金属以防止其对环境的污染等。

第三类为生物变性，主要有多孔淀粉、脂肪替代物、脱支淀粉、分支淀粉等。

第四类为复合变性淀粉，主要有两重变性和三重变性。

此外，其他变性淀粉还有抗性淀粉、酶阻淀粉、抗性糊精、微球淀粉等。

多年来，欧美国家已经开发出了一系列的马铃薯淀粉深加工产品，譬如变性淀粉和淀粉衍生物，包括糊精、有机酸、氨基酸、果葡萄糖浆、维生素、化工原料等20多个门类，2000余种产品。

毋庸置疑，不断创新和精深加工是马铃薯淀粉发展的必然趋势。据测算，用传统工艺把马铃薯加工成淀粉，可增值1倍，若用现代科学技术进行精深加工，做成乳酸可增值3倍；生产高吸水性树脂可增值8倍；生产环状糊精可增值20倍；生产生物胶增值60倍以上。由此可见，马铃薯淀粉具有非常高的开发价值和广阔的市场前景。

未来，我国马铃薯淀粉工业的整个生产形态还要从追求量的生产转向个性化定制，从生产型制造转型成服务型制造，从初级要素投入向知识性要素投入转变，并赋予马铃薯淀粉更多的科技含量，从而衍生更多品类的市场需求新型产品。同时，有业界人士指出，马铃薯变性淀粉是工业的“味精”，是长线产品，是永远不会衰落的行业。

07
发展篇

——深加工才是星辰大海

马铃薯是我国继小麦、玉米、水稻之后的第四大主粮。据近几年的统计数据显示，我国现在常年种植马铃薯8000万亩左右，产鲜薯9000多万吨，88%主要用于鲜食，仅有12%左右用于加工转化，其中加工转化中的80%主要用于马铃薯淀粉加工。由此可见，淀粉加工是我国马铃薯加工转化的重要出路。

前文提过，马铃薯淀粉是将薯块通过清洗、粉碎、离心提取、精制、干燥等工序得到的产品。具有颗粒大、白度高、黏度高、透明度高、糊化温度低、吸水能力强的优秀品质，现在被广泛应用于食品工业、医药工业、造纸工业、纺织工业以及化学工业等领域中。

从20世纪90年代初引进欧洲先进设备到今天的30年间，我国的马铃薯淀粉加工业铿锵前行，一日千里，在加工产业布局、食品机械制造以及带动马铃薯产业种薯培育、加工原料薯和商品薯协同种植等诸多方面取得了重要成果。但在加工转化方面，尤其是在全球马铃薯淀粉生产中，欧盟国家依然是不可撼动的领导者，比如荷兰艾维贝公司2019年加工淀粉64万吨（比我国2019年全国的总产量还多），德国阿姆斯兰德公司加工淀粉34万吨，法国罗盖特公司加工淀粉20万吨，丹麦KMC公司加工淀粉13万吨，瑞典莱客白公司加工淀粉11万吨。

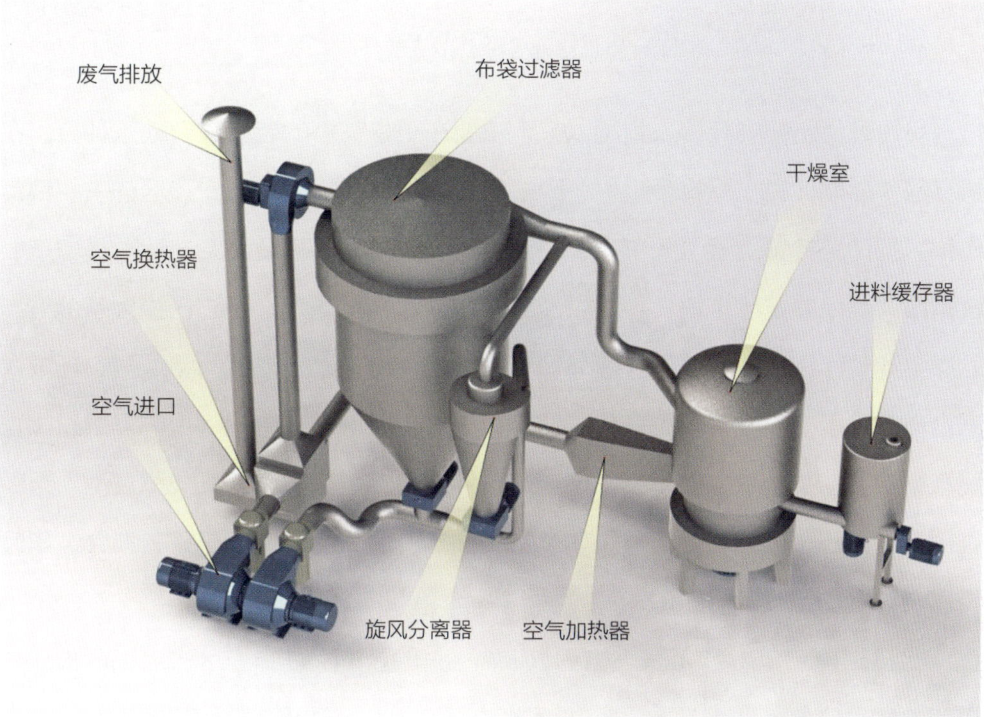

（1）高速离心干燥机

（2）气流干燥机

（3）四效蒸发器

泰德康公司设计生产的干燥蒸发设备

第一节　马铃薯深加工发展现状

马铃薯自明朝中叶传入我国以来，主要在干旱贫瘠的老少边穷地区种植。在抗日战争时期，由于马铃薯耐旱、耐贫瘠、生长周期短，是延安边区的主要粮食作物。据《马铃薯史略》一书记载："1940年边区军民开展大生产运动，增产粮食和蔬菜。马铃薯可作粮食，可供蔬菜，耐贮藏，易携带，是边区扩大示范推广的重要备荒作物。延安扩大种植马铃薯采取三种措施：一是试验单位与农场或农家合作开办示范田圃，栽植良种，试用新法，合理施肥，防除病虫等，供周围农民观摩学习；二是举办展览会，把边区栽种的马铃薯良种和高产典型展出，组织农民参观评选；三是编写通俗科普读物和技术资料，利用农民赶集、庙会、年会等场合，宣传普及栽培知识。"

此外，1944年2月26日，边区政府专门发布了《陕甘宁边区政府指示推广种洋芋》49号文件，要求扩大马铃薯面积30万亩，亩产达到300～500千克。

中华人民共和国成立后，由于人多粮少的国情及工业发展水平的制约，现代化的马铃薯加工业起步较晚。20世纪90年代初，以我国从欧洲引进全套引进现代化、全旋流、全自控的淀粉加工设备为开端，凭借马铃薯种植面积及产量世界第一的资源优势和广阔的消费市场优势，各马铃薯主产区省份纷纷开启建厂热潮。

截至目前，经过30年的积淀和发展，我国的马铃薯淀粉加工业走过了野蛮生长、市场淘汰、规范经营几个阶段。据中国淀粉工业协会的统计显示，我国现有大中型马铃薯淀粉加工企业130多家，总产能达260多万吨，追平了欧盟马铃薯淀粉产业发展百年的产能总量。

现在，我国的马铃薯淀粉加工企业主要分布在新疆、青海、甘肃、宁夏、陕西、内蒙古、山西、河北、河南、黑龙江、吉林、辽宁以及云南、贵州、四川等省区，据中国淀粉工业协会的统计显示，2016年全国马铃薯淀粉总产量为32.92万吨，2017年全国马铃薯淀粉总产量为53.69万吨，2018年全国马铃薯淀粉总产量为59.19万吨，2019年全国马铃薯淀粉总产量为45.49万吨，2020年全国马铃薯淀粉总产量为60万吨。由上述统计可以看出，尽管我国马铃薯淀粉加工企业数量不少，但淀粉的总产量并不高。究其原因，马铃薯淀粉加工主要面临着以下几个方面的困境。

1．原料的困境

原料大战，这是中国马铃薯淀粉加工行业的一大特色，每年秋季刚开产时就有部分企业肆意抬高原料收购价格，制造恐慌。其目的一是打压竞争对手，二是抬高淀粉的销售价格。

原料争夺激烈时，宁夏的企业会跑到甘肃去抢原料，内蒙古的企业在河北、山西"划定势力范围"，甘肃的企业则会远赴青海、新疆采购淀粉薯。

高价收原料，无疑是在刀尖上舞蹈，一不小心就会刺伤自己。虽然，高价收原料在短期内会给薯农带来一定的利润，但从长远看，要是加工企业没利润可赚，纷纷减产，最终伤害的还是薯农。所以，让薯农和加工企业都能获取一定空间的利润才是合理的原料价格，只有这样，产业才能健康、可持续发展。

他山之石，可以攻玉。我们再来看看丹麦的KMC公司是如何解决原料问题的。丹麦位于欧洲北部，全国有14个省和2个自治领，属温带海洋性气候，全国皆可种植马铃薯，其中65％地区种植的马铃薯用于淀粉加工。和中国北方地区一样，丹麦也是一年只生产一季，收获季节开始于8月底，11月初结束。淀粉厂的加工期也和中国一样，60～80天，但KMC的每个工厂一个生产季可产精淀粉4万吨。

丹麦的KMC公司成立于1933年，是丹麦历史悠久的马铃薯淀粉制造商，其原料运营模式非常成功。KMC公司有三家马铃薯淀粉加工厂，股东是2100名马铃薯农场主，他们有义务将马铃薯送到自己的工厂，确保原料供给。在生产季节，由工厂通知农场主按时送货，并先付给保底价格，当淀粉售卖后，再按照所送马铃薯中所含淀粉的含量来分配利润。

从农场主手中直接购买马铃薯的好处很多：第一，确保原料供给，在生产季有"料"可加工；第二，有助于工厂控制原料的质量，而且也促进了农场主加强质量管理；第三，原料是纯正的淀粉加工薯，不是商品薯挑选后的残次薯。

目前，国内在原料基地建设卓有成就的仅有三五家企业，例如北大荒薯业本身就有百万亩自己的农场，可以生产优质原料；华欧淀粉公司建有3万亩“汁水还田”基地，种植的马铃薯满足了一部分原料加工需求；青海威思顿薯业自身有农场，也有扶贫合作的合作社供给原料；蓝天马铃薯集团通过在定西市安定区订单种植马铃薯10万亩以上，有效确保了原料供给。

2．环保的困境

众所周知，马铃薯淀粉加工生产会产生大量的废水，COD含量可达10000mg/L以上，如果不经处理直接排放到江河湖海会对环境造成危害。

马铃薯淀粉废水来源主要来自两个部分：一是清洗工段清洗马铃薯产生的废水，这部分废水主要成分为马铃薯表面的泥沙，通常可在生产过程中增添少许设备，经简单的沉淀处理后就可循环使用。二是淀粉提取工段的废水，主要是马铃薯自身的含水量，即细胞液，故该废水中的蛋白质含量较高；第二，淀粉提取产生的废水，生产过程中对水质的要求高，但用水量小，也称为工艺废水。该废水中主要含有淀粉、蛋白质等有机物，COD（化学需氧量）、BOD（生物需氧量）浓度非常高。

近年来，随着史上最严格环保法的颁布及排污许可制度的实施，“绿水青山就是金山银山”的理念深入人心，政府部门对马铃薯淀粉加工企业废水不做科学处理和环保不达标的企业进行严格管控。各地环保部门加大马铃薯淀粉加工行业环境保护工作推进的力度，支持和鼓励马铃薯加工企业建立与加工规模相适应的污水处理和综合利用基础设施。

目前，国内马铃薯淀粉加工企业对废水的处理主要有：“汁水还田”“膜法处理”“生化处理”等模式。下面就国内几家企业对以上模式的践行逐一介绍。

（1）汁水还田。马铃薯淀粉生产汁水中富含有植物生长所需要的氮、磷、钾及有机质，对于干旱和贫瘠的土壤环境是很好的补充。“汁水还田”是北欧和日本的先进经验模式，已在国际上取得了巨大成功。

内蒙古华欧淀粉工业股份有限公司是我国马铃薯淀粉龙头企业，在建厂之初，华欧公司借鉴了国外先进的废水处理理念及经验，对马铃薯淀粉生产中产生的废水开展了一系列的综合利用，成功地创建了“华欧淀粉公司工业水发展循环经济处理模式”，即淀粉生产废水沉淀→兑清水加压喷灌农田→秋季或春季翻地→用作农田基肥。经过20多年的运行表明，土壤肥力增加，农作物产量明显提高，而且还改善了生态环境，万亩荒地变成了肥沃良田。

当然，“汁水还田”必须具备一定的条件：首先，企业要有足够的农田，通过每年种植农作物来消化吸收水中富含的有机质，才能相得益彰、良性发展，一般生产1吨淀粉需1～1.5亩农田配套。如果是山地或没有足够的土地条件，随便找地排水，一两年就会成为臭水塘，变成新的污染源；其次，要有足够用的基地设施，如合格的储水池、扬送泵站、喷灌管网系统以及水、电配套；再次，还要有正确的使用方法，要严格按照“适地、适量、适作物”的原则和技术规范，绝对不能过量施用。

（2）膜法处理。甘肃省膜科学技术研究院曾利用平板超滤膜设备对马铃薯淀粉废水进行了回收蛋白质的中试实验，结果证明，超滤膜对马铃薯淀粉生产废水中的蛋白质的截留率大于90%，COD去除率大于50%。

天津大学采用中空纤维超滤膜进行了回收马铃薯淀粉废水中蛋白质的小试，试验结果证明采用截留分子质量为1.5万u的醋酸纤维素膜，处理马铃薯淀粉工艺废水，可以截留85%的蛋白质，降低50%的COD。另外，还有业内专家采用膜技术处理马铃薯加工废水，用截留分子质量10万u和1.5万u的超滤膜回收蛋白质，再用纳滤膜回收马铃薯淀粉废水中的低聚糖，结果证明：利用膜集成技术可以回收马铃薯淀粉废水中蛋白质总量的97%和低聚糖总量的90%。最后反渗透液的化学耗氧量可以达到排放标准。

2019年10月19日，由庄浪县宏达淀粉加工有限公司与另外两家设备制造企业联合设计制造的“宏达淀粉公司废水处理达标排放工艺”通过国内业界专家验收，实现了达标排放。

宏达淀粉公司董事长朱建勋介绍，这套废水处理工艺发轫于2017年，三年来，宏达淀粉公司与另外两家设备制造公司经过无数次探讨、研究，并进行了数百次的设备选型、匹配调试。根据平凉市环境监测站连续三天，每四小时取样监测的结果可知，该工艺可稳定实现达标排放。该系统先采用热絮凝技术提取汁水中的马铃薯蛋白质，提取蛋白质后，马铃薯淀粉生产废水中 COD 的浓度可下降约50％；然后对废水采用“气浮-MBR膜处理系统-纳滤-反渗透-活性炭吸附”的组合工艺进行处理。

（3）生化处理。2017年年初，承德泓辉双合淀粉有限公司通过多方考察及筛选，最后与山东太平洋环保股份有限公司达成了合作意向，采用先提取蛋白质、纤维，再采用厌氧-好氧法的马铃薯加工废水生化处理工艺，并于当年3月1日签订了污水处理厂改造提升合同，在设计时将污水处理、粉渣脱水、蛋白质提取烘干集中建设在一个厂房内，厂房建筑占地面积4500多平方米，并于2018年3月28日开始动工，8月28日建设完毕进行调试，9月30日开始正式运行。目前，日处理水量为1000吨左右，达到淀粉工业废水间接排放的标准，彻底解决了污水处理的问题。

2015年，内蒙古科都薯业将工厂搬迁至城市污水处理厂附近，由济南润泽天成环保科技有限公司设计建设项目，对污水进行生化处理；2017年，科都薯业继续进行污水处理升级改造，由西安科技大学与西安隆化环保公司继续进行技术升级改造，完善工艺；2018年，为了有效去除工艺废水中的细纤维、蛋白质等物质（这些固形物如果不能够及时科学提取，就会氧化发臭，对空气造成污染），建设蛋白质、细纤维提取车间，经过一年多的探索努力，于2019年9月11日科都薯业马铃薯生产工艺废水蛋白质、细纤维提取车间成功投产运行，废水中的固形物几乎被全部提取，不仅解决了固形物发酵产生的气味对空气的污染问题，也减轻了污水处理负担。现在，科都薯业采用高温絮凝和离心分离技术从淀粉生产工艺水中提取细纤维和蛋白质，可有效降低废水中COD和氨氮指标，再采用厌氧-好氧工艺对废水生化处理，达到生态环境部间接排放的标准排入城市污水处理厂，不但满足了环境标准的要求，还成功将薯渣“变废为宝”。

（4）综合利用。马铃薯淀粉加工的废弃物——薯渣、汁水含有很高的有机物，非常适合做成生物新能源——沼气。沼渣、沼液是很好的有机肥，可以还田；沼气作为能源利用，从而达到节能减排，发展循环经济，实现达标排放的多赢效果。

2017年春天，鑫华农业科技发展有限公司与北京盈和瑞环境科技股份有限公司合作建设完成了“马铃薯淀粉加工水、渣综合利用项目”。

鑫华公司董事长赵新华介绍，该项目流程非常简单，薯渣进入匀浆池，通过厌氧发酵产生沼气；废水通过卧螺离心，提取蛋白质、纤维等固形物，再进入生物倍增反应器产生沼气。水再通过气浮、厌氧、好氧三级处理，COD降到100mg/L左右，实现马铃薯淀粉废水直接达标排放。

鑫华公司的马铃薯淀粉加工薯渣废水综合利用项目拥有五大优点：一是厂区环境得到改善，再也看不到泡沫，闻不到臭味；二是产生的沼气每天可为企业节省3万元左右的燃气费；三是操作简单，运行稳定，不受气温影响；四是沼渣、沼液是腐熟的有机肥，还是优秀的土壤改良剂，施入农田可改良土壤，提升土壤的有机质；五是该项工艺不是单纯解决废水的问题，是对水、渣、汽综合处理、利用的循环经济模式，具有可持续发展的优越性。

此外，为提高资源的综合利用率，加快开发和推广马铃薯加工副产物综合利用技术，加快绿色环保、资源循环利用等先进实用技术和装备的研发和推广，2018年，中国淀粉工业协会与中国轻工业清洁生产中心编制了《马铃薯淀粉工业有机肥水农田利用技术规范》（T/SIACN 01—2018）。为进一步提高T/SIACN 01—2018的操作性，2019年，中国淀粉工业协会与中国轻工业清洁生产中心联合编制了《马铃薯蛋白粉提取操作技术规范》及《马铃薯蛋白粉产品标准》，两项标准在当年8月18日正式发布，并被内蒙古、河北等地方政府采信，对全行业起到了重要的引领作用。

中国有个成语：殊途同归。无论采取什么技术或什么模式，其目的是一致的，就是实现马铃薯淀粉加工废水的科学处理，实现马铃薯淀粉加工业的绿色环保、健康可持续发展。

现在，有实力的大企业投入巨资，通过各种环保处理模式基本实现了环保部门所要求的绿色生产和清洁生产。但依然还有一大部分中小微企业由于资金压力，在环保方面还存在不合规生产的状况。

3．产品技术创新欠缺

在欧美发达国家，马铃薯加工转化占马铃薯总量的65％以上，已有马铃薯淀粉及衍生物2000多个品种。在欧盟国家，淀粉是人们生活中非常纯净的、自然的、多功能的产品。全球马铃薯加工业先进的国家主要有荷兰、美国、英国、法国、德国等。

有业界专家认为，马铃薯淀粉企业成功的关键因素有三：工艺创新能力、产品创新能力和科研专家及团队。在数字化、智能化高度发达的今天，技术创新的速度越来越快，影响范围越来越广。

技术创新是指横跨在技术和经济两个领域中的重要社会实践活动，简而言之，就是企业要不断地把新技术、新服务、新产品引入市场，给用户提供新的体验和感受。比如变性淀粉，以马铃薯淀粉为原料，经物理、化学方法及酶制剂的处理，改变原淀粉的溶解度、黏度、稳定性、渗透性、凝胶性、吸水保水性等理化性能，产生一系列不同性能的变性淀粉和淀粉衍生物。现在，欧美等发达国家的大部分马铃薯淀粉通过变性应用于制药、造纸、纺织和建材等行业。随着我国经济的发展和国际化的推进，在食品行业以外的应用将是我国马铃薯淀粉未来需求增长的潜在机会。

4．人力资源管理和企业文化欠缺

现代管理学之父彼得·德鲁克曾对德鲁克管理学院创办人邵明路说：“中国发展的核心问题，是要培养一批卓有成效的管理者。管理者不同于技术和资本，不可能依赖进口。即便引进管理者也只是权宜之计，而且引进的人数也将是寥寥无几。他们应该是中国自己培养的管理者，熟悉并了解自己的国家和人民，并深深植根于中国的文化、社会和环境当中。”“迅速培养称职的管理人才和创业者，使他们能与世界顶级强手竞争，显然是中国最需要的，也是中国社会与经济取得成功的关键。”

德鲁克对中国企业管理的殷殷期盼当然也适用于马铃薯淀粉行业。因马铃薯淀粉具有季节性生产的特性，除了华欧淀粉公司、北大荒薯业、威思顿薯业、宏达淀粉、欣邦薯业等10多家企业有管理团队、生产技术团队、销售团队外，其他90％以上的马铃薯淀粉企业不聘用常年上班的管理人员，更不聘用产品技术研发人员和技术型生产工人。都是在生产期临时聘用一批生产工人，生产结束后结完工资全部解散。这就导致产品质量不稳定、新产品创新研发能力极度缺乏。

马云说：“造就一个优秀的企业，并不是要打败所有的对手，而是形成自身独特的竞争力优势，建立自己的团队、机制、文化。”

企业文化的精神内核是一种油然而生的使命感。一群人因为有了共同的目标或者说使命感而聚集起来，从而产生了比离散的个人更为强大的力量。但是，对中国的很多马铃薯淀粉企业来说，企业文化无从谈起，因为企业老板的唯一目标不是做强企业，而是为自己赚更多的钱，至于志同道合的同行者，没有！至于员工，就是来“挣我钱”的打工者。所以，这种没有团队使命感、没有共同目标的生产企业是没有灵魂的，自然也做不强、做不大。

5．品牌塑造欠缺

广告界有句话这样说，“奔驰一块一块立广告牌，不是让你立马去4S店提车，而是告诉你他们对汽车的态度。”诚然，一个深入人心的知名品牌的塑造，离不开媒体对其美誉度、知名度的不断推介。

马铃薯淀粉不是直接针对C端，所以，很多企业不重视对企业品牌的曝光率，有些企业甚至一年都不做一次媒体推广。信息化时代的特点是客户为了节省时间往往会通过媒体端了解和认识企业，而不再是上门考察拜访。因此，酒香也怕巷子深，好的产品也需要媒体多视角、全方位的报道推介。

6．战略目标模糊

在欧洲，马铃薯淀粉已经跨过投入期、成长期，进入了成熟期，所以，欧洲马铃薯淀粉公司都制定了经营战略及新的目标。

丹麦KMC公司的使命是“成为世界上最有实力的食品原料和食品添加剂供应商”；华欧淀粉公司的企业的宗旨是“打造中国薯类淀粉高端品牌”；威思顿薯业的发展目标是“立足省内打好基础，整合西北促进产业升级”……

战略目标是一种宏观目标、是一种长期目标。它是企业对企业发展的一种总体设想，它的着眼点是整体而不是局部。它是从宏观角度对企业的未来的一种较为理想的设定。它所提出的，是企业整体发展的总任务和总要求；它所拟定的，是企业整体发展的根本方向；它所设定的，是企业职工通过自己的长期努力奋斗而达到的对现实的一种根本性的改造。因此，人们所提出的企业战略目标总是高度概括的。

对马铃薯淀粉企业而言，制定了“战略目标”，企业职工的行动才会有一个明确的方向，大家对目标的实现才会树立起坚定的信念。同时，目标本身是一种激励力量，特别是当企业目标充分地体现了企业成员的共同利益，使战略大目标和个人小目标很好地结合在一起的时候，就会极大地激发组织成员的工作热情和献身精神。

和企业文化缺失一样，现在很多中国马铃薯淀粉企业并没有确定自己的“企业战略目标”，有的只是眼前的利润和利益，毫无疑问，这对企业的长远发展和产业的长足发展都非常不利。

第二节　马铃薯淀粉产业面临的行业竞争

千帆竞过，百舸争流。

和很多行业一样，马铃薯淀粉产业也面临着国际外贸竞争、价格竞争、新入行者竞争、替代品竞争、原料竞争等诸多竞争。

1．国际同行贸易竞争

2005年前后，欧盟马铃薯淀粉行业为了抢占广阔的中国市场，采取补贴和倾销的方式使大量马铃薯淀粉以超低价进入中国市场，给中国淀粉企业以毁灭性打击。其实，欧盟淀粉企业的成本要比中国淀粉企业的成本低很多，例如欧盟企业的吨淀粉成本折合人民币为4000元左右，我国大型淀粉企业的吨淀粉成本普遍在6000元左右。要是再放任欧盟淀粉企业低价倾销，国内淀粉企业都得关门停产。

为维护中国马铃薯淀粉正常和公平的市场秩序，保护国内马铃薯淀粉产业和贫困地区“三农”产业的合法权益，中国淀粉工业协会马铃薯淀粉专委会会长周庆锋从2005年9月份起，走访、动员、联合国内马铃薯淀粉行业20多家主要加工企业（占全国马铃薯淀粉生产总量70％），根据世贸组织的公平贸易原则和《中华人民共和国反倾销和反补贴条例》，对欧盟的马铃薯淀粉提起了反倾销立案申请。商务部于2006年2月予以立案调查，并在同年8月18日做出肯定性初步裁决，裁定欧盟进口的马铃薯淀粉产品存在高达35％～57.1％的倾销幅度，并认为其倾销行为已经对国内马铃薯淀粉产业造成了严重的实质性损害。

近年来，欧盟企业又通过“曲线”模式将低价淀粉、变性淀粉通过越南、泰国销往中国。这在一定程度上给中国马铃薯淀粉的出口及国内市场的循环造成了销售压力和伤害。

2．价格竞争

经济学上有个现象是“劣币驱除良币”，在马铃薯淀粉行业也存在这种现象。近几年，内蒙古、山西、河北以及东北等地的一些小作坊式企业，第一没有环保设施及治理投入；第二没有聘用长期工作人员，只在生产季节临时聘用大量民工；第三没有税金支出。致使这些小企业所产的淀粉吨成本要比大型企业低1000～1500元。他们低价抛售淀粉，既扰乱了市场，也打破了行业公平、有序竞争。

3．新入行者竞争

今天，无论欧洲设备还是国产设备，马铃薯淀粉加工工艺技术都非常成熟，自动化程度都非常高。同时，国产设备更是“物美价廉”，这就导致行业的进入门槛非常低，一些在房地产、矿产资源、物流等领域挣了钱的资金持有者会轻易选择进入马铃薯淀粉加工行业，在一段时期内，这种新入竞争会持续存在。

4．替代品竞争

马铃薯淀粉具有颗粒大、分子结构长、支链淀粉含量高的优点，价格也在所有淀粉中高居首位。这就导致马铃薯淀粉行业一直受到其他来源淀粉的竞争压力，例如木薯淀粉、玉米淀粉、小麦淀粉、豌豆淀粉等。这些产品的价格很有竞争力，而且在许多国家和地区也一直有使用这些淀粉的传统。

替代品给马铃薯淀粉行业造成了两大压力：一是对行业原有产品形成较大压力，将马铃薯淀粉价格约束在一个微利的水平上，使得加工企业在竞争中多处于被动地位；二是抢占市场份额，譬如一些淀粉需求量大的低端食品加工企业、餐饮饭店为了压低成本，多使用其他淀粉替代马铃薯淀粉。

诚然，马铃薯淀粉有其独特的其他淀粉所不具有的优秀特质，譬如成糊稳定，晶莹剔透，具有很好的弹性，所以，这些优秀特质让马铃薯淀粉在食品、化工、纺织、医药、饲料、造纸等领域广泛应用。

5．原料竞争

目前，95％以上的中国马铃薯淀粉企业都没有自己的原料基地，加工原料以商品薯挑选后的小薯、畸形薯、机械伤薯为主，原料淀粉含量良莠不齐。每到加工季节，就会爆发原料大战，各地企业都会跨地区甚至跨省去抢购原料，其结果是原料成本年年走高，越来越微利。

笔者认为，未来马铃薯淀粉企业的核心竞争将会是“原料竞争”，拥有自建原料农场或订单合作农场者胜，未有者汰。

欧洲马铃薯淀粉企业上百年的发展经验告诉我们：建立自己的农场，再从农场主手中直接购买马铃薯，既有助于加工企业控制原材料的质量，同时也使加工企业拥有数量稳定、质量稳定的原料，有效维持了产业价值链。

第三节 马铃薯深加工发展趋势和前景

马铃薯蛋白粉

马铃薯块茎中淀粉含量为13.2%～20.5%，兼有直链和支链两种结构；蛋白质含量为1.6%～2.1%，含18种易被人体消化吸收的氨基酸；还含有膳食纤维、维生素、矿物质等人体必需的营养成分。因此，将马铃薯称为“营养宝库”并不为过。

目前，我们对这座“宝库”的开发仅仅基于单一取向，譬如淀粉加工业，只以淀粉提取为目标，忽视了蛋白质、纤维、氨基酸等其他营养物质的有效开发。未来，随着产业的发展和加工设备工艺技术的提升，多元化加工、精深加工以及企业的集中化必将成为新的发展趋势。

第一，加工的多元化发展。多年以来，我国对马铃薯的加工主要以提取淀粉为目标，其他营养物质譬如蛋白质、纤维等有价值的成分没有得到有效开发。因此，有业界人士认为，对马铃薯进行“吃干榨尽”“全进全出”式的多元化加工才是王道。

首先是从工艺水中提取蛋白质。马铃薯蛋白质的营养价值很高，含有丰富的赖氨酸、甲硫氨酸、苏氨酸和色氨酸。尽管马铃薯块茎中蛋白质含量不算高，但马铃薯作为世界性主粮，从海量的淀粉加工工艺水中提取蛋白质依然具有重要的意义。

现在，国外对马铃薯蛋白质的提取非常重视，其工艺和技术也非常成熟。据介绍，荷兰的埃尔卡纳（Elkana）公司和北欧的库拉斯（Kuras）公司专门针对马铃薯淀粉的栽培品种进行了蛋白质的相关研究，并针对欧洲人消费量较大的几个马铃薯品种的蛋白质进行了相关研究。其研究发现，马铃薯块茎的可溶性蛋白通常分成三类：马铃薯糖蛋白、蛋白酶抑制剂和其他蛋白质。

据介绍，目前欧盟对马铃薯蛋白质的提取主要有三类方法。一是酸热絮凝法，荷兰和德国的一些大型马铃薯淀粉厂都对淀粉加工分离汁水中的蛋白质进行了回收，以便抵消一部分废水处理成本，其采用的方法包括：反渗透膜预浓缩，然后进行热絮凝，最后再将絮凝的蛋白质进行分离并干燥。酸热絮凝法制备的马铃薯蛋白质主要用作动物饲料，传统应用是作为牛和猪的饲料，也有尝试代替鱼粉作为鱼饲料的应用。二是扩张床吸附色谱法，扩张床吸附色谱是一种比较理想的从马铃薯淀粉加工分离汁水中回收具有天然活性蛋白质的方法，回收的蛋白质不仅能保留其生物活性，而且采用不同的吸附填料和洗脱条件可以将具有不同性质的马铃薯糖蛋白和蛋白酶抑制剂进行分离并分别回收。三是采用聚合电解质絮凝和低温浓缩从马铃薯淀粉加工分离汁水中回收蛋白质，其采用的聚合电解质包括WF-1-Rokryzol（非离子型聚丙烯酰胺凝结剂），WF-2-Rokryzol（阴离子高分子量丙烯酰胺酸）及其甲基衍生物和CMC-甲基羧基纤维素。

其次是对膳食纤维的加工利用。马铃薯淀粉提取后的薯渣中含有丰富的膳食纤维，占干重的20%左右，是一种安全、优质的膳食纤维资源。用薯渣制成的膳食纤维产品外观为白色，持水力、膨胀力高，有良好的生理活性。马铃薯膳食纤维对人体健康具有很好的功效，譬如对改善便秘、结肠癌、胆石症、动脉粥样硬化、肥胖等都有帮助。除此之外，马铃薯膳食纤维还能提供非常丰富的营养价值，它不仅可以增加产品中膳食纤维的含量，降低食品中的热量，促进人体的新陈代谢，还有助于防止肠道系统和心血管系统疾病的发生。

毋庸置疑，马铃薯膳食纤维是一种天然健康的食品原料，是从马铃薯细胞壁中提取出来的纤维，采用纯物理提取过程，不使用任何化学试剂，而且颗粒度细，可以给产品提供更强、更光滑的质构。因此，马铃薯膳食纤维在食品工业中会拥有广泛的用途。譬如用于肉制品和香肠加工中，可减少加热过程中的脂肪和重量的消耗，能改善组织结构，提高保水保油性；用于面包和烘焙食品中，能强化膳食纤维，降低热量，延长保质期，稳定面团结构；用于保健食品中，能强化膳食纤维，降低热量；用于膨化类食品和面食中，能强化膳食纤维，改善组织结构，增强耐泡性、提高脆度等。

第二，加工的精深化发展。毋庸置疑，马铃薯淀粉提取只是对农产品的初级加工，其附加值有限。但马铃薯淀粉作为一种高黏性、高聚合度及品味温和的高端淀粉，其衍生品多达2000种以上，广泛应用于食品、医药、化工等产业。因此，对马铃薯淀粉做精深化加工，其利润增值空间非常惊人，譬如有业界人士算了一笔账：将薯块加工成淀粉可增值1倍以上，加工成吸水树脂可增值8倍，加工成特种变性淀粉可增值十几倍，加工成生物胶增值可高达60倍以上。

另外，传统的马铃薯淀粉食品加工业通过创新升级后，也会带来应用更加宽泛、利润更加可观的市场空间。譬如将传统的粉丝通过升级改造成方便粉丝，销量翻了数倍。再将马铃薯淀粉与主食化产品、休闲类食品相结合，利润更是一路欢歌。

第三，企业的集中化发展。欧盟的马铃薯淀粉加工集中化程度非常高，很多都是以“一国之薯”在支撑一家大型加工企业，譬如法国的罗盖特、德国的阿姆斯兰德、荷兰的艾维贝、丹麦的KMC等。这些企业的共同特点是工艺先进，产品产量高、品质高，环境污染治理非常科学完善，有专门的加工专用薯，与薯农合作紧密……以上公司正是凭着这些优秀特点做成了上百年的企业。

我国是世界上最大的马铃薯生产国，主产区一个省甚至一个地级市的种植面积和鲜薯产量就能赶上欧盟一个国家的种植面积和鲜薯总产量。这是我国的优势。与此同时，在西北、华北、东北等马铃薯产区星罗棋布着大大小小、层次不一的几百家淀粉加工企业，受原料限制影响，每家的产量都不是很高，淀粉品质更是良莠不齐，这一方面削弱了我国马铃薯淀粉产业相比国际同行的竞争力，另一方面也限制了产业的健康、快速发展。

第四，生产的绿色化发展。马铃薯淀粉的绿色化生产，是指在生产过程中安全控制措施到位，按国家有关规定处理生产中产生的废水、废渣、废气，减少排放，并获得安全质优的淀粉产品的过程。毋庸置疑，与欧盟的同行企业相比，我国的马铃薯淀粉行业依然存在企业规模小、附加值低，生产成本高，资源消耗大的不足问题。未来，企业倘要做强做精，实现绿色化生产，必须在农业育种、工艺改良、设备研发、清洁生产几个方面进行突破和升级。

因此，中国的马铃薯淀粉产业要做强做优，应该学习欧盟的产业模式，在一个省或自治区形成一到两家大型淀粉加工企业集团，每家的淀粉年产量至少达到10万吨以上，这样，我国的马铃薯淀粉的年总产量将会突破100万吨，在“反补贴、反倾销”的保护结束后，就会有足够的实力与欧盟同行公平竞争，抢滩全球市场。

另外，随着国家主食化政策及马铃薯产业开发政策的推行、实施，马铃薯淀粉加工业会迎来新的发展机遇，其前景非常广阔。

首先，在国家主食化政策等引导下，企业及主食化食品科研单位将会增加主粮食品花色品种的研发拓展，满足日益增长的市场消费需求。如目前国内开发的马铃薯生全粉产品、马铃薯各类功能性复混粉、马铃薯各类保健食品等，这些都会刺激国内市场对马铃薯高品质淀粉的需求。

其次，国家鼓励马铃薯产业的深加工。现在，国家鼓励发展以淀粉、全粉为原料的各种方便食品、膨化食品，大力发展薯类系列食品、保鲜制品、半成品，丰富人民生活；重点发展淀粉的深加工和副产物的深加工，同时配套产业扶持资金，对高技术含量、高附加值的变性淀粉系列产品、精细化工产品、双降解产品、膳食纤维、复混饲料产品等淀粉深加工产业给予大力支持。这对马铃薯淀粉加工业的发展是又一大利好。

最后，马铃薯原料供给进一步得到提升和保障。农业部已发布的《全国马铃薯主食产品及产业开发规划》为马铃薯的原料供给提供了政策保障。根据规划，马铃薯主粮化的原料生产划分东北区、华北区、西北区、西南区和南方区五个区域。所以，随着马铃薯主粮化战略的深入推进，我国的马铃薯种植面积和供应量也会随之提高，这一战略的实施将有充足的原料为加工作保障。

08

效益篇

——一薯可致富

产业兴邦，壮怀激昂。

曾有一位马铃薯淀粉企业家说，对淀粉企业而言，发动老百姓种植马铃薯，带动老乡致富，不仅是为了企业的盈利，更是为了整个马铃薯产业能够稳健、持久发展。

宏达淀粉公司用马铃薯制作的粉条

现在，马铃薯淀粉加工每年可消化近千万吨鲜薯，这对马铃薯生产具有“稳定器”作用，对薯农持续、积极种植马铃薯具有推动作用。因此，马铃薯淀粉加工业是贫困地区的支柱性产业，对区域经济发展、增加农民收入、带动老少边穷地区脱贫致富具有重要意义。

中国淀粉工业协会马铃薯淀粉专委会会长周庆锋指出：“淀粉加工转化，是马铃薯销售的兜底环节，是确保薯农收益的最大保障。现在，全国马铃薯淀粉及‘三粉’（粉丝、粉条、粉片）每年产量达100多万吨，占整个马铃薯加工转化的80％以上。近年来，全国各地的淀粉加工企业别出心裁、多措并举帮助薯农增收致富，在‘精准扶贫’之路上创造出了独具特色的扶贫模式，对农民增收，对全国马铃薯产业健康发展等诸多方面做出了特殊贡献。”

因此，三十年来，中国的马铃薯淀粉加工业对马铃薯主产区产生着影响深远的经济效益和社会效益。

第一节　青海模式

马铃薯产业是青海省的“十大农牧业特色优势产业”和脱贫致富的支柱产业。同时，青海所产马铃薯以品质好、薯块大、病虫少、单产高而知名，具有很强的市场竞争力。近年来，在农作物种植结构调整中，全省各地引导农民扩大种植面积，现已成为青海省的第二大栽培作物，常年播种面积490万亩，成为当地农民脱贫增收的主要途径之一。

威思顿薯业集团：产业扶贫、不忘初心

金秋时节，迎着习习凉风。笔者与青海威思顿薯业集团有限责任公司（以下简称“威思顿”）总经理许舒祥、副总经理惠小东、纪永军一起走进海东地区，了解当地马铃薯产业助力精准扶贫，带动薯农脱贫致富的温情画卷。

路上，许舒祥介绍，威思顿薯业公司是国家级农牧业产业化龙头企业——青海省三江集团有限责任公司所属全资子公司，是集薯类产品研发、种植、生产、加工、销售和生物工程技术应用与推广于一体的马铃薯产业化科技型企业。近年来，威思顿公司积极推进农业产业扶贫，发展订单农业，以“公司+合作社+农户”的模式，依托西宁市湟中县、大通县，海东市平安区、乐都区、民和县和互助县等地马铃薯产业资源优势，连接产业园、马铃薯种植专业合作社、贫困户，优化本地农业种植产业结构，带动农户增产增收、最终实现脱贫致富。

笔者一行首先来到海东市平安区古城乡山城村，见到了该村第一书记刘军。许舒祥说，刘军是三江集团派到山城村任职的第一书记，旨在详细了解当地的村

情及贫困情况，并以发展特色农牧产业带动当地贫困人口实现脱贫。

刘军书记介绍，山城村属脑山地区，海拔高，气候寒凉，昼夜温差大，非常适宜马铃薯种植。近年来，威思顿公司积极引导当地农户种植马铃薯，并从选种、种植、采收等方面进行指导、帮扶，同时，还聘请农业技术人员多次对马铃薯种植基地进行现场技术服务。

种植马铃薯能给贫困户带来多少收益？刘军简单算了一笔账，山城村有贫困户17户，在威思顿公司的帮助和引导下，现在每户每年种植马铃薯3亩多，平均亩产在3000～5000斤（1斤=0.5千克）。按目前的市场行情，每斤能卖4毛多钱，每亩产值在2000元左右。另外，威思顿公司还给贫困户每斤补助1毛钱，这相当于每亩又增加了300～500元。每户每年种植马铃薯最少可以增加收入4500元以上。

许舒祥表示，马铃薯是青海的主要粮食作物之一，也是全省最具生产潜力、市场优势和开发前景的特色农产品之一。因此，威思顿公司要充分发挥龙头企业稳定扶贫的优势，采取多种措施，走一条“以产业推动脱贫致富、以产业带动扶贫开发、以产业巩固扶贫成效”的稳定脱贫之路。

首先，结对子帮扶。2017年以来，根据三江集团统筹安排，威思顿公司派出中层干部到平安区古城乡的乡村挂职第一书记，通过重点走访，与贫困户结对子，实现精准帮扶，从而带动贫困户脱贫致富。

其次，建立收益联合体。现在，威思顿公司以马铃薯产业化联合体促发展，构建了以龙头企业为核心，14个专业合作社为纽带，8户种植大户、2个家庭农场及普通农户参与的收益联成一体的产业新形态，致力于推进农村一二三产业融合，提高农业综合生产能力。

再次，让利于民，巩固扶贫成效。多年来，威思顿坚持最大限度地让利于民，助力马铃薯种植户脱贫致富，为脱贫攻坚与乡村振兴战略发挥作用，并带动西宁市湟中县、大通县、湟源县，海东市平安区、乐都区、互助县、民和县、化隆县，海南州贵德县，海西州都兰县等共12个县（区）20多万农户发展马铃薯产业，实现户均年增收3000元以上。

最后，许舒祥表示，产业扶贫和产业带动是一项长久而伟大的工程。在青藏高原以马铃薯产业发展带动农户脱贫、脱困，是一条行之有效的脱贫之路。将高原特色马铃薯产业发展壮大，是威思顿人长期坚守的事业。“不忘初心、牢记使命”，威思顿人将以做强、做精马铃薯产业为目标，以产业带动农户脱贫致富为初心，努力奋斗、砥砺前行。

第二节　甘肃模式

甘肃不仅是马铃薯种植大省，也是马铃薯淀粉加工业大省。近年来，甘肃马铃薯淀粉加工企业发展迅猛，全省已建成马铃薯加工企业30多家，其中具有一

蓝天公司马铃薯淀粉自动包装工段

定投资规模的精淀粉加工企业有蓝天马铃薯产业发展有限公司、宏达淀粉加工有限公司、鑫喜淀粉等10多家公司。2018年全省加工马铃薯90多万吨，其中淀粉加工消耗马铃薯64万吨，生产马铃薯淀粉9.2万吨，实现产值5.12亿元，带动了成千上万户薯农实现了脱贫致富。

现在，甘肃地区的淀粉加工企业与薯农可谓唇齿相依，互助发展，走出了一条企业与薯农合作共赢的脱贫之路、致富之路、发展之路。

蓝天公司：六位一体、利益共享

甘肃蓝天马铃薯产业发展有限公司是全国马铃薯产业知名品牌创建示范区骨干企业，公司成立于2002年，地处定西市安定区巉口镇，是集马铃薯种植、加工、购销、服务为一体的国家级农业产业化龙头企业，主营马铃薯淀粉、蛋白质、膳食纤维、复合粉、食品级薯渣等加工与销售，先后被评为全国“万企帮万村”先进民营企业、农业产业化国家级重点龙头企业、中国马铃薯淀粉行业龙头企业，获得全国脱贫奖创新奖，被甘肃省政府评为“甘肃省农业产业化重点龙头企业”，被定西市委市政府评为“十大优秀扶贫企业”。

2021年2月25日，蓝天马铃薯产业发展有限公司董事长李幸泽获得“全国脱贫攻坚先进个人”，在人民大会堂参加会议并接受了表彰。

近年来，蓝天公司认真贯彻习近平新时代中国特色社会主义思想，坚持以服务“三农”为宗旨，以马铃薯全产业链为核心，通过建联合社、修贮藏库、创蓝天贷、推订单化，在企业、合作社、贫困户之间建立稳固的利益联结机制，构建了“龙头企业+联合社+合作社+农户（贫困户）+银行+电商平台”六位一体的“蓝天模式”，延长稳固了产业链条，实现了企业、合作社、贫困户在“产、加、销”诸环节、“贸、工、农”各领域的同频共振、互利共赢、联动发展，推动了一二三产融合发展，走出了依托金融支持企业壮大、企业带动产业发展、产业助力贫困群众增收脱贫的产业扶贫之路，有力地助推了脱贫攻坚步伐。

第一，打造全产业链模式，实现“抱团式”发展。针对贫困地区普遍存在龙头企业自身实力不强、抵押物少，农民专业合作社起步晚、资本积累不足及贫困户缺少有效抵押物，贷款难和融资贵制约龙头企业、农民专业合作社和贫困群众发展的老大难问题，蓝天公司于2014年采取股份合作方式，牵头组建成立了甘肃福景堂马铃薯产业农民专业合作社联合社，把马铃薯产业上游307个种植专业合作社、10个农机专业合作社、10万农户和26318户贫困户联合联结起来，建立了“龙头企业+联合社+合作社+农户”订单种植模式，由联合社所属合作社与农户、贫困户签订订单合同，带动贫困户发展马铃薯产业，形成较为完善的委托生产、订单农业、贷款担保、入股分红、利益返还合作机制，实现工业生产与农业种植、小农户与大市场的利益连接，推行利益链上全员经济效益相挂钩绩效管理模式，形成了风险共担、利益共享的全产业链命运共同体。

在这一“命运共同体”中，采用“龙头企业+合作社+基地+贫困户”帮带

收获马铃薯

机制，积极解决广大种植农户，特别是贫困户种什么、怎么种、收获后卖给谁的问题，充分保证和提升农民种植马铃薯收益，发挥产业链助农脱贫长效机制，让广大农户特别是贫困户参与到产业链中，通过自己的双手实现勤劳致富。这样既保证了企业的原料供应，降低了生产经营和服务成本，又稳定保障了马铃薯种植农户和专业合作社等各方利益，提高了农民组织化程度，让农民在多环节受益，最大程度地增加农民收入，实现了产业发展、企业增效、农民增收的多重效应。公司生产的“福景堂”牌淀粉系列产品远销全国，与国内138多家大型食品加工企业建立了稳定的供货关系。公司产品还借助银行的线上交易平台，通过B2B形式实现了产品在电商领域的销售。

第二，创设蓝天供应链金融，破解融资贷款难题。一是蓝天公司与银行建立良好的金融合作关系，推出了保购担保贷款业务，蓝天公司、联合社及公司法人提供最高额贷款担保，蓝天公司再以存货作为抵押并提供马铃薯销售保购承诺，联合社将筹集的保证金作为质押，合作社和农户（贫困户）以马铃薯销售应收账款作为质押，联合社社员之间形成互保关系，形成“农户贷款合作社保、合作社贷款联合社保、联合社贷款龙头企业保”的联保服务模式，创设系列金融支农模式，通过联合社的“中介”作用，将信贷效应放大到各个合作社和农户，担保贷款额度50万~500万元不等，有效解决了合作社会员和马铃薯种植农户“无抵押、无担保、融资难”的问题，破解产业链上各经营主体在生产经营活动中的融资难题，打通了马铃薯产业链条上的堵点、连接起了产业各环节、贯穿了产业链上下游，是产业发展农民增收的一剂良药，让农户、贫困户得到了普惠金融带来的实实在在的好处；二是蓝天公司依托庞大的马铃薯产业供应链，充分发挥示范带动作用，以企业良好的信誉度为基础，通过与浦发银行、工商银行、定西农商银行、兰州银行等合作建立了完善的供应链金融机制，创设推出了蓝天供应链金融信誉担保模式。浦发银行围绕蓝天公司上下游全产业链，采取“线下+线上”齐步走的模式，将“蓝天模式”深化为“蓝天e贷”。工商银行以“核心企业+联合社+银行+合作社+农户+保险”六位一体和银行“对公与对私业务统筹、投行与商行业务统筹、线上与线下服务统筹、金融与非金融服务统筹”，创新推出以蓝天公司命名、以“核心企业+N个农民专业合作社”的“蓝天贷”供应链融资模式。2014—2019年，通过“蓝天贷”供应链金融模式，银行给合作社、农户、贫困户累计发放贷款10亿元；2020年，工商银行、浦发银行、定西农商银行、兰州银行、华夏银行等各大银行给蓝天供应链金融各链条总授信额度16亿元，给合作社、农户、贫困户发放贷款4.8亿元。

第三，推行订单化保底收购，助力脱贫攻坚。为保证马铃薯种植农户的收益，建立稳定的原料生产基地，蓝天公司积极推行订单农业模式，与安定区各乡镇307个农民专业合作社签订马铃薯种植订单，各合作社与农户签订种植合同，马铃薯收获后公司以高于市场均价收购订单农户的马铃薯。近年，公司订单收购农户标准化基地种植的马铃薯每年达12万亩，实现了马铃薯产业链单元主体抱团发展，有效解决了农户产品难卖和“薯贱伤农”问题，使产业链上的农民专业合作社和广大薯农获得了实实在在的收益，带动10万多户农户，其中带动贫困户26318多户，户均年增收8300元。公司通过与农户签订合同，采取统一供种、代耕代收、流转土地、规模经营，建立了高淀粉加工型马铃薯生产基地，既保证公司有稳定的原料供应，又给农户提供了稳定可靠的增收渠道，有效增强了农户、贫困户抵御市场风险的能力。

第四，修贮藏库前移关口，打造扶贫车间。围绕打造马铃薯全产业链的目标，蓝天公司探索建立“企业+联合社+贮藏库+合作社+基地+贫困户”的马铃薯贮藏带动产业发展模式，将马铃薯收购现场直接延伸到田间地头，实现农户直产直销。公司投资6000多万元，先后在马铃薯不同集中产地修建马铃薯贮藏库30座，增加贮藏能力30万吨以上，辐射带动5万多农户，其中贫困户6000多户，实现了马铃薯种植农户就近就地即时销售马铃薯，户均减少马铃薯运输成本1000多元，贫困户种植马铃薯变成了“家门口”的产业扶贫。不仅如此，在马铃薯收购季节，蓝天公司还优先吸纳当地300多名贫困人口参与搬运、入库等劳务，人均增加务工收入5000元。

第五，创新“蓝天模式”，形成“三大实践”。

一是“杏园实践”。具体来说就是杏园乡“654”产业扶贫体系，“6”即：“党建引领+龙头企业带动+金融支撑+联合社+合作社+贫困户”产业扶贫模式；“5”即：“培育一项主导产业、选择一家经营主体、打造一个订单基地、创新一套发展模式、建立一种分配机制”的“五个一”措施；“4”即：“农户得收入、联合社（合作社）得收益、企业得原料、政府得民心”四个目标，使马铃薯产业助推脱贫攻坚取得显著成效。在“杏园实践”中，该乡充分发挥自身优势，准确把握定位，通过打造“一园三区”（即：马铃薯产业园、良种扩繁区、加工薯种植区、营销服务区），推动全乡马铃薯产业全面发展。

良种扩繁区：该乡骏逸农业农民专业合作社与定西农夫薯园公司及亚青公司对接，建设11座日光温室及网室，建立庄薯3号原原种繁育基地，可生产原原种300万粒，可供扩繁原种700亩；该乡兴佳源农牧农民专业合作社联合社等5家合作社建立庄薯3号原种扩繁基地210亩，可生产原种370吨，可供扩繁一级种2960亩；该乡薯宝宝种植农民专业合作社等6家合作社建立庄薯3号一级种扩繁基地950亩，可生产一级种1660吨，按每亩250斤用种，可供建立加工薯原料基地13300亩。

加工薯种植区：2019年，全乡调运庄薯3号良种1217.5吨，与蓝天公司签订订单，以每斤0.45元的收购价格在全乡建立庄薯3号加工薯基地1.1万亩，带动农户1429户，其中贫困户560户。按照亩预计产量（也是合同约定产量）3500斤计算，总产量可达1.925万吨，总收入达1732.5万元。按照“4221”的增收、分配机制，其中：①种植农户按每斤0.4元订单收购价交售，总收入可达1540万元，种植户户均收入1.08万元；②合作社按每斤2分钱收益，9个村级合作社总收益达77万元；③每斤运输、损耗费用按2分钱计算，共77万元；④联合社按每斤1分钱计算，收益达38.5万元，从而形成利益共享、风险共担的市场化运作机制。在马铃薯交售期间，由蓝天公司负责交售资金保障，联合社负责集中收购，合作社负责组织群众交售，按照“一车一清算、一车一支付”的方式，一次性将销售资金支付给种植农户，解决了群众“种什么、卖给谁、保收入”等后顾之忧，最终达到“农户得收入、联合社（合作社）得收益、企业得原料、政府得民心”的“四个目标”。

营销服务区：该乡依托蓝天公司，投资1000万元，建设杏园（蓝天）马铃薯综合服务中心，占地面积12亩，已修建3600m^{2}马铃薯贮藏库3座，年贮藏能力达1.5万吨；年内计划新建2000m^{2}的集农技、农资、农机、办公为一体的综合服务区，全方位打造产业扶贫车间，形成春季供种供农资、提供技术咨询服务、提供农机服务，秋季一边交售订单马铃薯并购买良种、一边购买冬季取暖用煤的全方位服务，同时，可方便群众就地务工增收。

最后，良种扩繁区、加工薯种区、营销服务区建成并形成一个综合性的马铃薯产业园。

二是“称钩实践”。在“称钩实践”中，称钩驿镇针对农村劳动力结构性、季节性、区域性短缺的现状，对整户外出或无劳动能力耕种的土地，由合作社与农户签订协议，将耕种、覆膜、防病、收获等全程托管，把农户从繁重的劳作束缚中解放出来，全身心投入二、三产业，从根本上解决了当前农村“人到哪里去、地由谁来种、钱从哪里来”的问题，走出了一条“龙头企业+合作社+农户”的产业扶贫路子。

该镇按照“1133”的工作机制（即镇上成立一个土地托管服务中心、村上成立一个土地托管服务站、合作社组建农机、农技、植保三支服务队，开展菜单式托管、服务型全托和收益型全托三种模式），成立了土地托管服务中心，负责监管和服务工作，要求经营主体依照具体的运行规章，明确服务水平、服务内容、收费标准，与农户签订托管协议，按照农户的托管需求进行作业。这种“农户加入自愿、退出自由、服务自选”的土地托管模式，既解决了因主要家庭劳动力常年外出务工或季节性外出务工造成的农村劳动力严重缺乏与农业生产之间的矛盾，又提高了农户按照需求自主选择的灵活性，增加了农户的收益，真正把农民从土地中解放出来，因而受到了广大群众的欢迎，实现种养劳+全产业链协调发展的干旱深山区现代农业发展之路。

2018年，定西安泰农机服务农民专业合作社流转土地1270亩，经营托管服务土地3500亩，辐射带动农户200户。在周家河、花园、川坪等村建成高标准淀粉加工薯示范基地1270亩，采取统一服务、统一种植、统一标准、统一收购、统一销售的“五统一”模式，实现了土地适度规模经营，形成了产前、产中、产后的产业链条。

三是“团结实践”。在团结镇，定西市鑫源马铃薯良种专业合作社通过对接蓝天公司，在特色产业带动、龙头企业拉动、农民专业合作社运作、订单收购促动上下功夫，从马铃薯种植、储藏、营销等多方面入手，不断壮大自身实力，做马铃薯支柱产业，做农户帮扶带动能手，走出了一条以“对接龙头壮规模、订单收购促产业、脱贫致富保增收”的新路子。合作社按照“龙头企业+联合社+合作社+基地+农户”的订单生产模式，对接蓝天公司牵头建立的甘肃福景堂马铃薯产业农民专业合作社联合社，在庙川、唐家堡、中化、金花、寒树、寒水六个村建立庄薯3号马铃薯加工专用薯种植基地6000亩，辐射带动基地所在5个村、853户农户（其中贫困户207户）签订订单协议，以0.40元/斤的保护价向农户收购，以0.45元的价格运送到企业。

现在，蓝天模式下的合作社一头连着农户，一头连着企业和市场，既保护了农民群众和企业的共同利益，合作社也得到了发展，在马铃薯产业链里面，合作社真正起到了桥梁和纽带的作用。

宏达淀粉公司：联农带农、助力扶贫

庄浪县宏达淀粉加工有限公司是平凉市规模最大的专业从事马铃薯深加工和销售的民营企业，是“甘肃省农业产业化重点龙头企业”、AA+信用企业和“甘肃省守合同重信用企业”。

近年来，宏达淀粉公司多措并举帮助薯农增收致富，在“精准扶贫”路上创造出了“公司+合作社+建档立卡贫困户”的产业扶贫模式，走出了一条企业与薯农合作共赢的脱贫之路、致富之路、发展之路。

首先，2019年，宏达淀粉公司与庄浪县卧龙镇24个村社的24个种植农民专业合作社签订了马铃薯收购订单协议，共种植马铃薯7232亩，平均亩产量2.5吨，总产量18000吨，每吨按900元的保护价收购，共支付货款1620万元，惠及贫困农户2895户，贫困人口11870人。

其次，与庄浪县韩店镇17个村社的17个种植农民专业合作社签订了马铃薯收购订单协议，种植马铃薯2720亩，平均亩产量2.5吨，总产量6800吨，每吨按900元的保护价收购，共支付货款612万元，惠及贫困农户2041户，贫困人口9169人。

再次，与庄浪县郑河乡与12个村社的12个种植农民专业合作社签订了马铃薯收购订单协议，种植马铃薯3080亩，平均亩产量2.5吨，总产量7700吨，每吨按900元的保护价收购，共支付货款693万元，惠及贫困农户1626户，贫困人口4560人。

产业扶贫，不忘初心。多年来，宏达淀粉公司按照党中央、国务院和省、市、县党委政府关于打赢打好精准脱贫攻坚战的决策部署和要求，依托龙头企业带动脱贫的产业优势，先后在朱店镇、韩店镇、卧龙镇、郑河乡等乡镇大力推广发展马铃薯种植，并聘请农业技术人员对薯农就栽培技术和田间管理技术进行培训。2018年，宏达淀粉公司在四个乡镇共订单种植加工型马铃薯13200亩，每亩收益约3000元，为农户增收约1215万元。其中6562户建档立卡贫困户种植13200亩,增加收入1584万元，户均增加收入4160元。

2019年，宏达淀粉公司继续采取“公司+合作社+建档立卡贫困户”的产业扶贫模式。与庄浪县朱店镇21个村社的21个种植农民专业合作社签订了马铃薯收购订单协议，种植马铃薯2376.6亩，涉及贫困农户1788户，贫困人口8169人；与赵墩乡13个村社的13个种植农民专业合作社签订了马铃薯收购订单协议，种植马铃薯6630亩，涉及贫困农户1376户，贫困人口5902人；与郑河乡与12个村社的12个种植农民专业合作社签订了马铃薯收购订单协议，种植马铃薯3665.6

亩，涉及贫困农户1519户，贫困人口6461人。

以上三个乡镇共涉及46个行政村、46个种植农民专业合作社，其中建档立卡贫困户4683户，涉及人数20532人。种植马铃薯总面积19008.3亩，共产马铃薯4.75万吨，马铃薯产值4276.9万元。

此外，为保障农户收益，带动脱贫，宏达淀粉公司在与46个合作社贫困户签订订单时，约定每斤比市场价高3分钱收购，这就从根本上保障了薯农的收益，有力地助推了庄浪县精准扶贫、脱贫攻坚的进程。

饮水思源，心怀感恩。宏达淀粉公司发展的每一步离不开庄浪老百姓大力种植马铃薯的默默支持，因此，宏达淀粉公司在自我发展的同时，积极参与当地的公益事业。2015年，为希望工程捐款15000元，为庄浪县光彩事业捐款10000元；2016年，为庄浪县交警大队捐款100000元用于修建交通劝导站；2017年，为永宁乡下湾村、陈湾村、永和村300户建档立卡贫困户捐赠优质马铃薯籽种50吨，价值100000元；2017年安排刘咀村18名建档立卡贫困户村民来公司上班

宏达淀粉公司的原料池

（目前大部分已脱贫）；2018年，给6名建档立卡贫困户安排了就业岗位。同年为庄浪县韩店镇、郑河乡、朱店镇的115名建档立卡贫困户大学生捐款105000元；2019年，优先招聘3名贫困户大学毕业生来公司上班，支出工资10万元。直接招聘6名贫困户来车间担任操作工，支出工资15万元。

2020年年初，一场前所未有的新冠肺炎疫情暴发。宏达淀粉公司积极行动，1月30日，向县光彩事业促进会捐款10000元；2月4日，向庄浪县朱店镇督查指导疫情防控工作组捐赠6400多元；2月6日，又向庄浪县韩店镇捐赠5000元、向郑河乡捐赠5000元、向卧龙镇捐赠5000元、向赵墩乡捐赠5000元，积极支援全县抗战疫情，展现了企业的社会责任和担当。2月25日，宏达淀粉公司又积极开展复工复产，减少疫情对全县经济造成的影响。

有人说，产业扶贫和产业带动，是一项长久而伟大的工程。在庄浪，马铃薯是带动老百姓脱贫致富的支柱性产业，因此，未来还需宏达人以做强、做精马铃薯产业为目标，以产业带动农户脱贫致富为初心，努力奋斗、砥砺前行。

第三节　宁夏模式

宁夏是我国马铃薯淀粉加工业大区，有“全国淀粉看宁夏”之说。目前，宁夏固原市拥有年加工万吨以上的马铃薯淀粉深加工企业19家，年加工能力35万吨以上，实际产量为15万～18万吨，占全国马铃薯淀粉总产量的30％左右。另外，宁夏全区年加工粉丝、粉皮、粉条约10万吨，销往全国各地。现在，马铃薯种植和加工是当地的农业支柱性产业和农民脱贫致富的“扶贫产业”。

华尔晶淀粉公司：持久发展、勇担责任

宁夏华尔晶淀粉有限公司创建于2001年，拥有年生产能力达3万吨的生产线2条，是目前宁夏地区生产规模最大、生产工艺最先进的马铃薯淀粉生产加工企业。2015年、2017年被评为自治区级农业产业化龙头企业，2015年被认定为“民

族贸易企业”，并连续多次被宁夏银行评为AA+级信用企业。现在，华尔晶公司在促进当地经济发展的同时，积极倡导自然环境的可持续发展，并勇于承担社会责任。

近年来，华尔晶公司被原州区人民政府确定为原州区张易镇黄湾村、闫关村结对企业。为帮助当地村民脱贫致富，以“公司+生产基地+合作社+农户”的发展带动模式，实行马铃薯种植集中、科学化管理，企业规模化生产加工马铃薯淀粉，实现“产、供、销”结合，形成马铃薯产业链条，发展订单农业，保障了农户与企业之间的双赢。通过制定原料收购保护价格、合作社利润分红等方式，保证了公司的正常运营和农户年均收入增加目标。

此外，华尔晶公司还采取了以下帮扶措施。

一是通过公司宣传和政府优惠政策引导，增强了村民种植马铃薯的积极性，并以每吨高于市场价100元收购马铃薯3000多吨，涉及550余户，比市场价公司多支出28.5万元。

二是资助2万余元，为闫关村改善村委会工作人员的办公环境，鼓舞村级班子在扶贫攻坚战中的决心。

三是为50户建档立卡户及贫困户免费提供养殖饲料薯渣，价值9.6万元，帮助他们发展养殖业，争取早日脱贫致富。

四是在企业生产季节优先为贫困户提供就业岗位126个，其中建档立卡户36个，充分发挥了企业带领贫困户脱贫致富的作用，吸收农村剩余劳动力就近就地就业、鼓励外出务工人员返乡，让贫困户在家门口就能进企业，有稳定的收入来源。

利华淀粉公司：发展企业、回馈社会

固原利华淀粉有限公司是宁夏农业产业化龙头企业，是第六批、第七批自治区农业产业化重点龙头企业，被固原市人民政府确定为八家马铃薯淀粉加工重点扶持龙头企业之一。现在，利华公司拥有年产3万吨马铃薯精淀粉的自动化全旋流生产线2条，生产工艺居国内先进水平。其品牌“红星张”商标被自治区认定为第十届宁夏著名商标。

近年来，固原利华淀粉公司在不断做大做强的同时，情系贫困村，用实际行动回报社会。

一是通过公司宣传和优惠政策引导，增强了村民种植马铃薯的积极性。2018年以高于市场价的价格收购马铃薯2600余吨，涉及500余户，比市场价公司多支出26万元。

二是筹措资金3万余元，为结对帮扶的马场村委会购置办公桌椅、电脑、生活用品等，改善村委会工作人员的办公条件，并举行了捐赠仪式，增强了村级班子打赢扶贫攻坚战的决心。

三是为30户建档立卡户及贫困户免费提供价值9万余元养殖饲料，帮助他们发展养殖业，加快了脱贫致富步伐。

四是为部分剩余劳动力优先提供就业岗位26个，其中建档立卡户16个，充分发挥了非公企业参与社会帮扶的生力军作用，推动了农村闲散劳动力就近就地就业、吸引外出务工人员返乡，让贫困户“离土不离家，进厂不进城”，有稳定的收入来源。

利华淀粉公司董事长张维礼表示，公司始终坚持服务于农业生产的宗旨，每年在种植前都积极帮助农民选购品质优、产量高、无病害的薯种，聘请相关专家对农民进行指导，帮助他们解决种植过程中出现的各种问题，既提高了农民种植积极性，增加了收入，又确保了企业生产原料的供给，为农业增效、农户增收、构建和谐社会做出了贡献，推动了马铃薯产业健康持续发展，发挥了农业产业化重点扶贫龙头企业的辐射带动作用，促进了地方经济持续发展。

固原玉明淀粉公司：积极帮扶、多措并举

固原玉明淀粉有限公司是“宁夏中小企业50强”，以生产优质马铃薯淀粉为主，以马铃薯植物蛋白质、马铃薯纤维提取为辅。现拥有年产2万吨全自动控制

马铃薯精淀粉生产线一条，50立方米/小时全自动控制马铃薯蛋白质提取生产线一条，淀粉注册商标为“雪铃”“薯佳”。

近年来，玉明淀粉公司被原州区人民政府确定为原州区彭堡镇别庄村结对企业。别庄村拥有村民570户，主导产业为马铃薯、玉米、小秋杂粮种植以及牛羊养殖。

当地自然条件差，生活艰苦，当地农民广种薄收，靠天吃饭。玉明淀粉公司为帮助结对村村民早日脱贫致富，积极行动，多措并举。

一是低价提供优质种薯。青薯9号种薯对外销售单价为0.6元/斤，对彭堡镇种植户0.35元/斤，对彭堡镇别庄村建档立卡种植户0.2元/斤。2018年共计发放青薯9号种薯57980斤，金额为34788元，种植户实际支付金额为16540元，公司补贴金额为18248元（其中建档立卡户16户，补贴金额为10008元）。

工人在卸淀粉加工原料

二是提供季节性本地农民工就业岗位78处：①技术岗21人，工资总额302400元，人均收入14400元；②装卸岗40人，工资总额289967元，人均收入7249元（建档立卡户8人，人均收入8312元）；③其他岗位17人，工资总额201110元，人均收入11830元。

三是免费向别庄村村民赠送薯渣、马铃薯蛋白质、炉渣等。①赠送马铃薯薯渣167.66吨，价值10060元；②赠送马铃薯蛋白质1480千克，价值5920元；③赠送炉渣160立方米，价值8000元。

四是通过固原市希望公益服务中心，资助5名“六盘学子”，合计金额10000元。

五是对彭堡镇别庄村15户建档立卡马铃薯种植户收购补贴，补贴金额共计63966元，补贴总量84.756吨。

汉兵淀粉公司：发展订单、产业带动

固原汉兵淀粉有限公司是固原市民营马铃薯淀粉生产加工企业中规模较大、产品质量和生产能力较强的企业之一。“汉斌”牌马铃薯精淀粉成为公司主打产品。公司被自治区人民政府评为“自治区农业产业化重点龙头企业”，被自治区经信委（经济和信息委员会）评为“优秀企业”和“宁夏中小企业50强”。

多年来，汉兵淀粉公司采用“公司+农户+基地”的经营模式，带动当地10000户农民从事马铃薯种植，建设订单基地15000亩，辐射周边4个乡镇、15个行政村，解决当地剩余劳动力100余人次，户均年增加经济收入7000余元。同时带动200余户农民利用薯渣发展畜禽养殖，年增加收入200万元。对于调整农业种植结构，缓解社会就业压力，实现企业增效，农民增收，促进地方经济发展，起到了积极推动作用。

此外，汉兵淀粉公司对结对帮扶的原州区张易镇田堡村给予各项优惠措施：一是对建档立卡种植户以每吨高于市场价100元的价格收购其马铃薯；二是为周围农户及失业人员提供就业岗位，目前公司为6人提供了技术员岗位工作，其他普通工人会随时提供岗位让其顺利上岗；三是其他由村集体提出的要求，公司妥善安排帮扶解决。

2019年春天，汉兵淀粉公司在马铃薯收购补贴方面已经落实执行，马铃薯补贴款也都由签订合同的种植户签字领走。未来几年，汉兵淀粉公司还将继续实行此项扶贫计划。

周庆锋指出，宁夏淀粉企业家都拥有艰苦奋斗的创业精神和帮扶老乡脱贫致富的企业家情怀。这几年，宁夏的淀粉企业一方面全面改良、革新工艺设备，促进产业转型升级；另一方面积极扶持当地马铃薯种植业发展，让广大薯农从马铃薯种植中获利和致富，使当地马铃薯产业走上了良性发展、健康发展的可持续生产之路。

第四节　内蒙古模式

内蒙古是马铃薯生产大区，近几年来，种植面积一直稳定在800万~1000万亩。其种植区域主要集中在武川县、四子王旗、察右后旗、察右中旗、商都县、太仆寺旗、多伦县、牙克石市、海拉尔区等贫困地区，是当地农户脱贫致富的支柱性产业。

2019年2月1日，李克强总理在内蒙古乌兰察布市考察时强调：“土豆主粮化很有前途，要结合我国‘镰刀弯’地区调减玉米面积，研究支持农民扩大品质好、有优势的土豆种植，发展成为大产业，助力脱贫攻坚。”

薯界风云起，在马铃薯传入我国400多年之后的今天，又一次堪当重任，担起了草原薯农脱贫致富的梦想。

内蒙古地区气候冷凉，马铃薯规模化种植条件较好，非常适宜优质种薯、商品薯和淀粉加工薯的生产。2016年以来，马铃薯销售进入了低谷期，甚至出现了“薯贱伤农”现象，为此，内蒙古淀粉加工企业积极行动，以保护价收薯，并发展订单农业，免费提供种薯、农资，帮助一批种植大户渡过了难关，帮助小农户实现了脱贫致富，谱写了一曲“产业扶贫”的赞歌，成功走出了一条以产业推动脱贫致富、以产业带动扶贫开发、以产业巩固扶贫成效的稳定脱贫之路。

华欧公司：产业扶贫、成果卓著

内蒙古华欧淀粉工业股份有限公司成立于1992年，是和林格尔县第一批招商引资入驻企业，是内蒙古首批农牧业产业化重点龙头企业和扶贫重点龙头企业，也是国家高新技术企业。企业年加工马铃薯10万～12万吨，生产高品质淀粉15000吨，年实现销售收入1.2亿元；每年直接带动周边旗县种植农户20000多户，参与马铃薯产业种植农民50000多人，每年通过收购马铃薯为当地及周边旗县农户增加收入8000多万元；生产季节能为当地农民提供500多个就业岗位，是典型的“精准扶贫企业”。

华欧淀粉公司总经理高瑞介绍，从1995年起，华欧公司就开始加强原料基地建设，多年来，不断进行探索和尝试，目前已形成了稳定的“龙头企业+基地+贫困种植农户”产业扶贫利益联接机制。

第一，从1996年开始，华欧公司承包流转土地15000亩，投资3000多万元，建设高标准现代化设施农业基地，示范推广脱毒种薯、高垄栽培、机播机收、喷灌滴灌、植保技术、有机农业、高产创建等现代农业先进技术，帮扶带动和林格尔县各基地乡镇科学种田，依托产业致富，取得显著成效。目前，和林格尔县脱毒种薯推广率已达60％以上。各乡基地农户通过种植交售马铃薯，每年户均增收7000多元（以户均交售10吨马铃薯计），形成农机、农药、种薯专业服务队10个。20多年来，由住窑洞、土坯房都换成了大瓦房，添置了电视机、洗衣机、拖拉机、小汽车等家电和农机具，实现了靠土豆脱贫致富。

第二，从2000年起，华欧公司在和林格尔县成立马铃薯种植订单协会131个，分布在黑老天乡、新店子镇、大红城乡、城关镇、羊群沟乡五个山区乡镇，作为主要工作重点，由企业提供种薯、化肥、农机等综合服务平台，由相关的专业公司提供优质服务，在种薯供应方面享受县农牧业局的补贴政策，确保和林格尔县种植面积稳定在25万亩，产量稳在30万吨以上，200亩以上的种植大户有50个。

第三，2013年，华欧公司又在和林格尔县重点山区乡——黑老夭的石家窝铺行政村及田家夭自然村流转土地5000多亩，创建了“和林县现代农业示范基地”。先后投资1500多万元，建成了“规模化、机械化、水利化、良种化、植保化”的示范农场，进一步帮助和带动山区老区人民脱贫致富，受到政府和农户的广泛赞誉。

2013年以来，华欧公司农业基地被自治区和呼和浩特市农业主管部门列为重点“高产创建、设施农业、有机农业”示范园区。已召开过三次全区现场会示范推广。2016年又被列为“国家级玉米高产创建项目”。

第四，种薯补贴。华欧公司每年生产马铃薯优质脱毒种薯300万～500万粒，生产马铃薯原种2000多吨。华欧公司对全县马铃薯种植农户进行技术培训和指导，2015—2018年公司利用国家良种补贴政策在和林格尔县5个主要种植基地乡发放优质种薯2500多吨，利用公司科技服务站和3名市级马铃薯科特派员为各基地乡种植农户提供产前、产中、产后销售服务。同时承担国家马铃薯高产创建试验示范田2000亩，组织农民培训及现场观摩会2次。另外，还与贫困户签订优先收购马铃薯订单合同并且给予收购价格支持。在种植季节，华欧公司与各乡镇贫困户签订马铃薯种植交售合同，到秋季生产时优先收购贫困户种植的马铃薯，并且每吨马铃薯在原收购价格的基础上另外给予20元的补贴。

第五，2015年以来将各金融机构引入产业链中，和林格尔县农村信用合作联社、渣打银行、中国银行和林县支行等机构推出相关信贷政策，支持马铃薯种植大户，在公司种植大户与企业签订订单的基础上，由金融机构给予产业低息信贷扶持。

同时，近年来，华欧公司产业扶贫帮扶措施取得了重要成效。

首先，2018年全年收购马铃薯近11万吨，投入收购资金近7000万元，2019年春季收购马铃薯近10000吨，投入收购资金700多万元，生产高品质马铃薯淀粉1000多吨，收购资金的投入对千万户种植户来说是最直接的扶贫。此外，2020年春天华欧公司扶贫陶家夭行政村发放马铃薯籽种20000斤，其中帮扶贫困户9户、农户11户，共计20户；出售给种植农户马铃薯高淀粉品种1000吨。

其次，每年向贫困户支付巨额劳务费。据统计，华欧公司农业基地季节性用工每年解决当地就业500多人；在黑老夭乡农业种植基地临时雇佣200多人提供劳务，其中8名贫困户在基地常年工作，每年向贫困户支付劳务费用约20万元。

再次，给贫困户提供自来水服务及修路扶持。在黑老夭乡窝铺行政村，华欧公司先后投入20多万元为当地农户进行提供自来水服务，同时从2013年来先后投入6万元左右为窝铺村村民维修生产生活道路漫水路2条。上述举措解决了全村600多人口的饮水问题及生产生活交通道路的通畅问题。

蒙森公司：薯道引领、助力扶贫

内蒙古蒙森农业科技股份公司是一家专业从事脱毒马铃薯种薯研发与繁育、基地建设、淀粉深加工、商品薯仓储与物流、生物有机肥开发、进出口贸易于一体的农业科技企业，是自治区农牧业产业化重点龙头企业、自治区扶贫产业化龙头企业、国家高新技术企业。“蒙森”商标被评为内蒙古著名商标，“蒙森”淀粉被评为自治区名牌产品。

蒙森农业科技股份公司董事长卢文明介绍，自2010年开始，蒙森公司就采取“公司+基地+农户”的运营管理模式，充分利用当地的资源优势，与农户签订马铃薯种植协议，为农户提供最优质的、最优惠的马铃薯种薯；为农户提供科学的产前、产中、产后技术服务；约定最低保护价，比如遇市场低迷，则按合同约定的最低保护价收购，农户几乎零投入、零风险种地，与公司结成了利益共同体，大大提高了马铃薯种植的积极性，每年签约农户1000户以上，其中登记在册的贫困户占50%左右。

近年来，蒙森公司为了推进国家扶贫攻坚工作，助力精准扶贫、精准脱贫，免费为赤峰市松山区80户建档立卡贫困户提供优质马铃薯原种，每户600斤，秋季每户预计收获马铃薯一级种薯8000~10000斤，产值12000元左右，来年可发展马铃薯种植40~50亩。同时，蒙森公司还配备了拖拉机、播种机、中耕机、

马铃薯淀粉仓储（蒙森薯业供图）

喷药机、收获机等相关机械设备，为农户以成本价提供有偿服务。这种运营管理模式既实现了农业增产、企业增效、农民增收，又促进了蒙森公司马铃薯全产业链的延伸，取得了良好的社会效益和经济效益。

此外，蒙森公司还通过土地流转，集中治理，返聘无地贫困农民到企业打工，为他们提供工作岗位120多个，贫困户占40％，年收入达2万元以上，同时结对帮扶18户，吸纳贫困家庭大学生就业6人，为他们提供了展示人生价值的舞台。

卢文明表示，帮助企业周边农户脱贫致富的路上，蒙森会坚持一同前行，陪伴发展，最终实现全民小康。

薯元康公司：利益联结、共同发展

内蒙古薯元康生物科技有限公司是一家马铃薯深加工高新科技企业。该公司董事长石有介绍，近年来，通过土地流转、订单农业、劳务用工等形式，薯元康公司与武川县当地贫困户建立了利益联结机制，并通过几年的努力，实现了企业发展，农户脱贫致富的双赢局面。

一是发展订单农业。2018年，薯元康公司与武川县174户贫困户结对帮扶，以每斤高于市场价0.1元的价格收购贫困户的马铃薯，帮助他们实现了种薯脱贫。另外，薯元康公司每年加工转化鲜薯达80000吨以上，可解决627名贫困人口实现产业脱贫。

二是产业带动就业。薯元康公司常年聘用32名农民工，其中6人为贫困户。非生产季月工资3500元，生产季月工资为4500元。贫困人口全年工资约27万元。这笔打工工资显著提升了一家人的经济收入。

三是土地流转带动脱贫。现在，薯元康公司流转土地9800亩，每亩流转费为300元，每年为农户支付流转费用290多万元。

另外，薯元康公司还通过多种形式帮助当地贫困农户，比如为贫困村队打井；给贫困户赠送鸡苗、农资；常年资助多名贫困大学等，通过点滴温暖，让农户享受到马铃薯产业带给他们的实惠和脉脉温情。

铁骑淀粉公司：普惠扶贫、彰显真情

内蒙古铁骑集团淀粉加工有限公司是集加工、养殖、种植为一体的集团化企业，年可生产马铃薯淀粉5000～10000吨。

铁骑淀粉公司负责人郭希荣介绍，这几年铁骑淀粉公司采取的是普惠式扶贫方式，主要有以下几个方面：一是在公司生产期招工时优先录用当地的贫困村民，2019年生产期有25名当地村民在铁骑公司打工；二是在收购原料过程中，优先收购当地贫困农户的马铃薯，在收购价格、时间、品种等方面都优于其他商贩，在公司收购期，当地农户有多少马铃薯公司全部收购，基本上不限量、不限时、不限品种；三是鉴于当地农户基本上家家都饲养了牲畜，因此，铁骑淀粉公司每年都会将生产加工产生的薯渣全部免费赠送给当地的农户，2019年共免费给农户赠送薯渣约8000吨，价值25万~40万元；五是免费发放优质淀粉，2019年1月15日，铁骑淀粉公司在当地食品药品监督管理局的共同组织下，向四子王旗供济堂镇双井村的贫困户赠送了50袋（每袋50斤）优级淀粉，价值9000余元。

周庆锋指出，现在，内蒙古地区拥有大小马铃薯淀粉加工企业30多家，每年可带动数百农户实现脱贫，带动整个马铃薯产业链近百万人获益。马铃薯已成为了内蒙古地区名副其实的脱贫产业和致富产业。

古诗有云：随风潜入夜，润物细无声。内蒙古淀粉企业扶贫的点点滴滴，就如春天的细雨，丝丝落入农民的心田，让他们看到了致富奔小康的希望！

第五节　河北模式

马铃薯是我国的第四大主粮，因其耐干旱、耐瘠薄、稳产高产，几百年来一直是“三北”、西南等老少边穷地区的15个主产省区的主栽农作物。现在，每年依然有6000多万薯农参与马铃薯生产。2015年以来，马铃薯产业被列入国家“粮食安全”“产业扶贫、精准扶贫”和“兴边富农”发展战略的重点扶持产业。借此国家政策东风，河北省张家口市、承德市等马铃薯主产地区大力发展马铃薯种植和加工，现在，马铃薯已成为当地农户不可或缺的“扶贫产业、致富产业”。

据了解，河北省常年种植马铃薯300万亩，张家口坝上及承德坝上地区是马铃薯主产区，种植面积占河北省总面积的78%左右。同时，河北省的马铃薯淀粉加工企业也主要集中在张、承两地，发展规模大、工艺技术先进的企业有承德泓辉公司、沽源鑫华公司、沽源百顺源公司、察北富鑫公司等10多家马铃薯淀粉加工企业。

泓辉公司：饮流怀源、扶贫一方

承德泓辉双合淀粉有限公司是一家集马铃薯种植储存、精深加工、科研开发于一体的现代化民营企业，是省级“农业产业化重点龙头企业”“河北省优秀私营企业”“河北省扶贫重点龙头企业”。泓辉商标被评为“河北省著名商标”其产品被评为“河北省优质产品”“河北省名牌产品”“河北省名片产品”，并得到有机产品认证。

泓辉公司总经理李俊聪介绍，企业自2009年落户半截塔镇至今，始终秉承“落其实者思其树，饮其流者怀其源”的经营理念，即企业发展了不能忘记周边百姓，特别是生活困难的父老乡亲。

近年来，泓辉公司积极推进农业产业扶贫，采取“龙头企业+合作社+基地+贫困户”的经营模式，发挥龙头企业的带头作用，以资金入股形式扶持合作社1家，以土地租赁流转形式在围场县御道口乡租赁贫困户土地2000余亩，带动全县30000余农户种植、经营马铃薯，辐射发展马铃薯种植基地20万余亩，发展有机马铃薯种植基地2000多亩，安排当地剩余劳动力500多人工作，实现了企业发展与农户脱贫致富的双赢。据统计，每年泓辉公司可帮助农户及贫困户增加收入1500余万元，马铃薯产业成为了当地农民脱贫致富的支柱产业。

此外，泓辉公司还通过以保护价收购贫困户马铃薯的方式，对周边贫困户进行帮扶。自2016年以来，泓辉公司坚持建档立卡，给贫困农户的马铃薯每吨提价200元进行收购。按每个贫困户销售5吨马铃薯计，仅此一项年可为500户贫困户增收50万元；同时，泓辉公司还将薯渣饲料免费赠送给全县广大的养殖户和种植户。以往薯渣的销售价值每年都在50万元以上，这就相当于泓辉公司每年又向农户捐赠了50万元；对没有健康劳动力的贫困户，泓辉公司鼓励他们以养殖方式脱贫，比如为其免费提供猪仔、羊羔等牲畜，并对他们进行技术指导，还免费将粉渣饲料送到农户家中，帮其脱贫。自2016年至今，累计赠送粉渣饲料价值超过160万元，赠送猪仔、羊羔等牲畜价值超过15万元，使养殖户增收超

泓辉公司车间一角

120万元；泓辉公司还通过临时性用工、结对帮扶等方式对周边贫困户进行积极帮扶，使之早日实现脱贫致富。

李俊聪表示，饮水思源、回报社会。泓辉公司始终勇于承担自己的社会责任，在扶贫路上不忘初心、砥砺前行。

百顺源淀粉公司：发展企业、反哺村民

沽源县百顺源淀粉有限公司拥有国内最先进的淀粉生产线一条，种植基地2200多亩，年产马铃薯精淀粉10000多吨，是张家口地区的知名淀粉加工企业。

百顺源淀粉公司董事长孔祥宇介绍，企业位于沽源县二道渠乡大梁底村，在企业发展过程中得到了当地薯农和村民的大力支持，比如在生产季节，老百姓都愿意把加工薯先赊销给淀粉厂，等生产结束后再统一结算，这一方面解决了企业

现金流紧张的问题；另一方面又解决了原料收购的问题。

常言道：做一个产业，富一方百姓。百顺源淀粉公司在企业发展的同时，采取一切帮扶措施，带动当地老百姓脱贫致富。一是春秋两季优先聘用周边村民和贫困村民来企业打工。生产季节要聘用100多名村民上班，每人每天180元。春秋两季四个月生产期一个村民可增加收入21600多元；二是将公司的2200多亩基地以低于市场价较多的超低价转租给当地村民种植，并为农户提供水电设施及农具；三是每年为周边的养牛、养羊、养驴大户捐赠粉渣饲料2000多吨，价值60万～80万元；四是帮助村民修建乡间公路10多千米，让村民出行更加便捷、畅通；五是每年春节、重阳节、中秋节等重大节日期间，企业会给当地老人赠送300元以上的礼品，以示慰问。

鑫华农业公司：保价收购、助力扶贫

河北鑫华农业科技发展股份有限公司是集马铃薯种植、马铃薯淀粉加工销售和马铃薯淀粉废弃物生产沼气为一体的省级农业产业化龙头企业。公司自创建以来，秉承“务实、创新、合作、共赢”的经营理念坚持服务百姓、回馈社会，构建了“企业+基地+农户”的产业化扶贫模式。

近年来，鑫华农业与沽源县康禾专业种植合作社、沽源县汇江种植合作社、沽源县梁西种植专业合作社、沽源县天佑种植专业合作社等四家合作社签订了收购合同，建立了良好的合作关系，成为了公司的种植基地。2018年，鑫华农业向合作社收购鲜薯16000吨，每吨按保护价650元采购，收购资金1040万元，比市场价多付合作社240万元，每户平均多收入5500元。

多年来，鑫华农业先后与沽源县平定堡镇、小厂镇、西辛营乡、二道渠乡、长梁乡、莲花滩乡、丰源店乡等2000多户农户签订了保护价收购合同。2018年，累计向农户收购15000吨鲜薯，平均每户7.5吨，保护价为每公斤0.63元，比市场价多支付195万元，每户多收入975元。

同时，鑫华农业还将当年产出的30000多吨沼液无偿提供给合作社进行土壤改良。在生产季节，优先吸纳当地80多户贫困人口在装卸车、出入库、包装等工段上班，人均收入8000元。2018年年初，鑫华公司与小厂镇椴木梁村建立帮扶脱贫关系，按照沽源县政府精准扶贫脱贫计划，通过产业扶贫、技术指导、带动就业等措施，帮助该村贫困户加快脱贫进程，按期实现精准脱贫目标。全年收购该村45户贫困户的马铃薯600吨，支付收购款39万元，户均增收6000元。此外，还为贫困户免费提供薯渣400吨，户均增收1300元。

鑫华农业公司董事长赵新华说，在公司10余年的发展中，产业带动脱贫的社会效益十分显著。马铃薯的价格连年上升，加工薯从2006年的0.13元/斤涨到了高峰时期的0.75元/斤。近几年稳定在0.35元/斤并呈现上升趋势。另外，沽源县的马铃薯种植面积也从10万亩发展到现在的35万亩以上。鑫华农业公司创建13年来，累计向农民支付马铃薯收购款超过23400万元，支付工资报酬2500多万元。现在，马铃薯淀粉加工业成为了助推沽源县农户走上脱贫致富快车道的重要引擎。

富鑫农业公司：产业引领、发家致富

张家口富鑫农业开发有限公司是一家专业从事马铃薯种植、马铃薯淀粉加工、销售的民营企业，是张家口市农业产业化重点龙头企业，河北省马铃薯淀粉产能最大的生产企业之一。

多年来，富鑫农业为引领坝上地区马铃薯产业化发展起到了积极的推动作用，并带动坝上各县区建成20万亩以上的商品薯种植基地，形成了在张家口市、河北省乃至全国有重大影响的特色产业化农产品加工项目。

现在，富鑫农业采取“企业+基地+农户（合作社）”的产业化经营模式，自营种植基地10000亩；与农户建立了订单联结和合作联结的紧密型利益联结机制，通过合同、订单等形式，与周边农民合作建立了6000亩种植基地；通过其他方式带动种植面积3000亩。同时，通过订单、基层政府机构组织联络、经纪人联络以及种植大户等多种形式，带动农民进行马铃薯种植，使其形成产业化、

规模化，带领和引导周边农民通过马铃薯种植增加收入、发家致富。

2018年，富鑫农业自建种植基地投入75万元，其中基础设施建设投入35万元，对农民培训、技术辅导投入5万元，为基地农户垫付生产资料资金15万元，其他基地建设投入5万元。

截至目前，已经带动和辐射周边农户120余户参与马铃薯产业化种植，使种植户以及其他从业人员500人从中受益。为农民提供就业岗位20多个，其中，建档立卡贫困户5个，现在，就业的贫困户已全部脱贫。带动农户增收18万元，其中按高于市场收购价的合同价向农民多支付8万余元、吸收农民务工并支付工资福利10.8万元。另外，免费为农户提供薯渣，使农户增收5万余元。

富鑫农业公司负责人王秀峰表示，坝上地区是全国马铃薯主产区之一，淀粉加工业不仅促进了马铃薯产业健康、稳定发展，更是带动了一大批农民通过种植马铃薯实现了脱贫和发家致富。富鑫农业还在探索多种模式，与马铃薯种植业融合发展，与农户实现利益共享。

小结： 这两年来，在国际贸易冲击、国内环保政策严管的双重压力下，马铃薯淀粉加工企业没有气馁，一方面苦练内功，积极更新设备，力求转型升级，与国际同行看齐和接轨；另一方面不忘初心，不忘身边的父老乡亲，通过产业带动，真心实意帮助周边农户实现脱贫致富。

马铃薯人都有马铃薯一样朴素的品质。正如周庆锋会长所说：“做马铃薯产业的人，都是有家国情怀的人，他们就如这朴实的土豆，将利益与名誉深埋地下，却将成果奉献给了社会。”

09

协会服务篇

——协会是产业的灯塔

一个优秀的社团组织，定然是引领一个产业健康发展的“灯塔”。

对马铃薯淀粉加工业而言，中国淀粉工业协会马铃薯淀粉专业委员会就是行业的“灯塔”，它不仅引领着行业持续、健康发展，更在不断为行业赋能，譬如打赢“双反案”、修订马铃薯淀粉国家标准、争取各类国家扶持政策、开展行业交流……，它殚精竭虑，孜孜以求，协调沟通，架起了一座帮助产业稳健发展的沟通之桥、团结之桥、智慧之桥！

2000年以来，我国马铃薯淀粉加工业遍地开花、迅猛发展，但因缺乏统一组织，造成沟通困难，信息严重不对称，淀粉生产企业各自画地为牢，野蛮生长。

2001年中国加入世界贸易组织后，面对全球一体化的大趋势，行业有识之士认为，只有联合起来，加强沟通，互相配合，紧密协作，形成产业的合力，才能在市场经济的风浪中站稳脚跟，不被冲垮。为此，全国有30多家马铃薯淀粉骨干企业多次提出，组建马铃薯淀粉的专业协会。2006年1月，在中国淀粉工业协会的肯定和支持下，经报请国家民政部审查批准，中国淀粉工业协会马铃薯淀粉专业委员会（以下简称“协会”）正式组建成立，时任内蒙古奈伦农业科技股份有限公司总裁周庆锋当选协会会长。

周庆锋指出，协会的成立，是行业发展史上一个团结协作的里程碑，这标志着中国马铃薯淀粉产业步入了有组织、有协作、有计划健康发展的轨道。马铃薯淀粉专业委员会将在中国淀粉工业协会的指导下，在政府各有关部门的支持下，协调引导和规范会员单位的生产经营、市场流通、科研开发、行业交流，充分发

协会会员参观马铃薯种植基地

挥行业组织与政府之间的桥梁、纽带作用，积极反映行业情况与意见，协调产业政策和行业标准，维护会员合法权益，全心全意为行业服务，为提高产业整体发展水平和竞争能力，促进产业的健康、持续发展做出贡献！

第一节　打赢影响行业生死存亡的“反倾销、反补贴”案

长期以来，欧洲凭借得天独厚的自然条件一直是马铃薯淀粉的集中产地，并供应全球市场。21世纪以来，蓬勃发展的中国马铃薯淀粉加工业对欧盟企业产生着越来越大的影响。2005年，欧盟马铃薯淀粉行业为了打压新兴的、蓬勃发展的中国马铃薯淀粉加工产业，联合采取补贴和倾销的方式，大量并且超低价进入中国市场，价格仅300～400美元/吨。

这种不正当、不公平的贸易竞争，严重打击和伤害了中国马铃薯淀粉产业，大量企业因产品滞销而停产。为维护中国马铃薯淀粉正常和公平的市场秩序，保护国内马铃薯淀粉产业和贫困地区“三农”产业的合法权益，从2005年9月份起，中国淀粉工业协会薯类淀粉专业委员会副会长周庆锋（2006年1月，中国淀粉工业协会马铃薯淀粉专业委员会正式成立，周庆锋当选会长）走访、动员、联合国内马铃薯淀粉行业20多家主要加工企业（占全国马铃薯淀粉生产总量70%），根据世贸组织的“公平贸易原则”和《中华人民共和国反倾销和反补贴条例》，对欧盟的马铃薯淀粉提起了反倾销立案申请。

商务部于2006年2月予以立案调查，并在同年8月18日做出肯定性初步裁决，裁定欧盟进口的马铃薯淀粉产品存在高达35%～57.1%的倾销幅度，并认为其倾销行为已经对国内马铃薯淀粉产业造成了严重的实质性损害。2007年2月6日，商务部做出了最终裁定，决定对欧盟进口的马铃薯淀粉征收反倾销税。

此后，又遭遇了欧盟淀粉产业2008—2009年第二次大规模低价倾销，原裁决税率已明显偏低，不足以保护产业安全。于是，中国淀粉工业协会马铃薯淀粉专委会（以下简称“协会”）于2010年适时提起“反倾销税率期中复审”“反倾销期终复审案”和“反补贴调查申请”。

商务部公平贸易局、产业损害调查局高度重视，经过艰苦、细致的调查审理，分别于2011年4月18日发布16号公告，确认欧盟倾销力度加大，并调整和提高了反倾销税率。2011年9月16日发布第54号公告，裁定欧盟淀粉存在补贴，并对中国马铃薯淀粉产业造成了实质性损害，决定征收反补贴税。从而标志着协会组织的“维护产业安全，保护产业利益”行动取得了完全胜利。

2013年2月5日，商务部发布第4号公告，决定延长对原产于欧盟的进口马铃薯淀粉反倾销措施的实施期限。对马铃薯淀粉征收反倾销税，实施期限5年。

马铃薯淀粉反补贴措施期终复审案，在协会及相关会员单位的大力协助和配合下，商务部于2016年9月14日正式发布年度第43号公告，决定自2016年9月16日起对原产于欧盟的进口马铃薯淀粉所适用的反补贴措施进行期终复审调查。

2017年9月15日，商务部发布《关于对原产于欧盟的进口马铃薯淀粉所适用的反补贴措施期终复审裁定的公告》（2017年第38号）。2018年2月5日，商务部发布《关于对原产于欧盟的进口马铃薯淀粉所适用反倾销措施进行期终复审立案的公告》（2018年第2号公告）。2019年2月1日，商务部第4号关于对原产于欧盟的马铃薯淀粉反倾销措施期终复审裁定的公告，标志着马铃薯淀粉“双反案”六次战役取得了完全胜利，从而保护了中国马铃薯产业的健康、稳定可持续发展。

这起中国第一起涉农产品反倾销反补贴案的成功，使覆盖15个主产省区的中国马铃薯产业获得了巨大的发展空间；使当时各省区近千家加工企业收获了正常的、良好的经济效益和社会效益；使近6000万薯农获得了依靠发展马铃薯产业脱贫致富的信心。

经此一战，周庆锋被业界称为“中国农产品‘双反案’第一人”“中国马铃薯淀粉行业发展的领军人物”。

“反倾销、反补贴”案以公平、公正的国际贸易规则捍卫了中国马铃薯淀粉工业的尊严，为中国马铃薯加工业的稳定、持续、健康发展做出了巨大贡献；也使全国产业界、经济界，增强了利用WTO公平贸易规则捍卫合法权益，发展国民经济，勇敢面对国际化竞争的信心和勇气。

此外，“反倾销、反补贴”案对全国马铃薯淀粉行业产生了深远影响。

1．产量和效益增长显著

反倾销措施实施期间，国内产业同类产品的生产经营状况获得了良好的恢复、改善和发展。与原审调查期间经营状况相比，产品产量、销量、市场份额、销售收入、利润、税前利润率、投资收益率、就业人数、人均工资等经济指标总体均呈不同程度的增长或提高。

以产量为例：反倾销反补贴措施的实施为国内马铃薯淀粉产业创造了一个较为健康、有序和稳定的市场。在国内需求量由2010年40多万吨增至2020年近75万吨的有利市场环境下，国内产业抓住机遇，扩大规模，产量也由2010年的23万吨迅速增至2020年的60万吨（等级以上），如下图所示等级以下产品还有10万

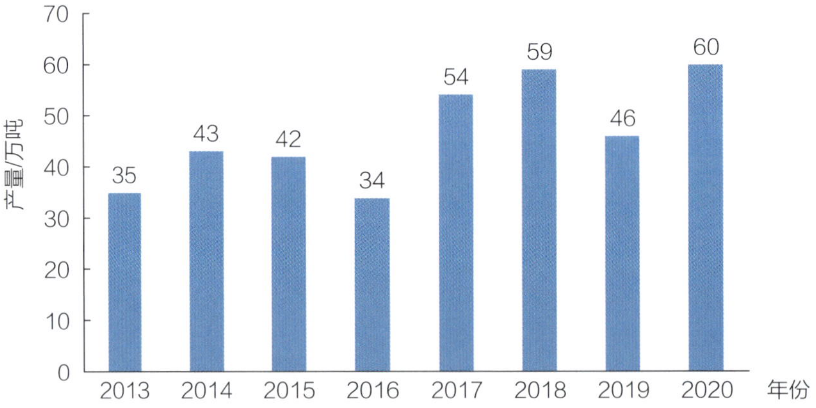

2013—2020年中国马铃薯淀粉产量表（等级以上）（数据来源：中国淀粉工业协会）

吨左右，极大地解决了市场的供应问题。马铃薯淀粉的销售价格，也迅速回升至合理水平，从2005年的3600元/吨左右恢复到现在的6800～8000元/吨，各地生产企业从2010年以来全部实现扭亏为盈，促进了马铃薯加工业这一利国利民的扶贫产业的正常、可持续发展。

由于农业、加工业普遍兴旺，也极大地带动了交通运输业、服务业、养殖业、工业配套产业（电力、机械、包装、煤炭、环保、水力等）等相关产业的发展，促进了人员就业，极大地增加了地方财政收入，社会经济效益非常显著。

2．加工企业数量不断减少，产业集中度不断提高

近年来，国家食品安全及环保政策等方面的监控措施力度加大，使得一些小型加工作坊和简陋工艺设备的落后产能企业逐步被淘汰。同时，各地企业通过技术改造、工艺升级，产能和产品质量稳步提升。截至目前，全国有标准生产线的企业有100多家，其中产品能达到优级品水平的大型加工企业8～10家，其他企业的产品质量等级都在一级品以上。

全国淀粉加工已形成西北、华北、东北、西南四大产业集群。同时，随着马铃薯淀粉价格的恢复性上涨，国内产业也得以在2007年后成功扭亏为盈。在相对有利的市场环境下，部分企业开始朝着规模化和集团化的方向发展，以进一步提高企业的竞争能力和抗风险能力。企业也在不断通过资本运作，提升企业的管理水平和市场运营能力。譬如北大荒集团引进黑土地基金；华欧淀粉公司成功挂牌新三板；黑龙江丽雪淀粉公司被大兴安岭林格贝集团收购，进一步扩大产能；甘肃定西三家企业合并为鼎盛淀粉公司等。这些都为马铃薯淀粉行业提高企业的竞争能力，为产业健康、有序发展创造了有利条件。

3．企业加快了原料基地建设步伐，与薯农建立了稳定利益联结

为确保原料供给，各地马铃薯加工企业的原料基地建设步伐加快，马铃薯种植面积和产量得到快速增长。全国马铃薯种植面积稳定在8700万亩，总产量在9800多万吨，平均单产在1.13吨/亩左右。各加工产区马铃薯从种植面积和产量方面都稳定增长。

此外，各地马铃薯淀粉加工企业都与马铃薯种植农户签订种植订单，形成“公司+基地+种植农户”“公司+基地+农民专业合作社+种植农户”“公司+农场主（种植大户）”等多种形式的利益联接机制。

马铃薯淀粉加工原料价格在不断提高。2018—2019年全国马铃薯淀粉加工企业原料价格在700～900元/吨，东北、华北产区马铃薯加工薯收购价格在700～800元/吨；西北产区由于马铃薯淀粉含量高，平均价格在800～1000元/吨。2020年产季，各产区原料收购价格又比上个产季提高了200～300元/吨，马铃薯种植农户增收效果十分明显。

自商务部的公正裁决和配套贸易救济措施实施以来，全国马铃薯产业焕发出蓬勃生机，持续保持良好发展势头。

第二节　组织制定、修订马铃薯淀粉国家标准

我国马铃薯加工产业起步较晚，时至2000年，各种必要的产品标准、行业标准没有建立健全，与快速发展的行业需求有相当大的差距。譬如变性淀粉、全粉、薯条、薯片等工业产品没有制定相关的行业标准、产品标准，生产和销售处于盲目状态。

马铃薯淀粉虽然制定过国家标准（GB/T 8884—1988），但已经严重落后。在检测内容、检测标准和检测方法等方面与欧洲标准有很大差距。中国加入WTO后，各产业都要同国际接轨。行业标准、产品标准更要与世界同步，这样才能规避技术壁垒、贸易壁垒，才有资格进入国际大市场。为此，从2000年起，多家马铃薯淀粉企业就多次向有关主管部门、科研部门呼吁，修订与完善与产业相关的各项标准和法规，为这一朝阳产业更快、更好地健康发展奠定基础。

2002年，国家标准委以（2002）41号文件，提出了修订马铃薯淀粉国家标准的工作计划（项目编号20020809—T—601）。作为标准提出及技术归口单位的中国商业联合会，经与行业有关单位协商，确定了由中国淀粉工业协会、内蒙古奈伦农业科技股份有限公司、江南大学负责修订标准的起草工作。在接到中国商业联合会委托的修订任务后，经与中国淀粉工业协会主管领导汇报、协商，确定了由顾正彪副会长主持，周庆锋、吕春林、洪雁等有关专家组成了标准起草工作组。中国商业联合会行业发展部于2002年底和2005年初分别在无锡主持召开了标准起草工作会议，制定了标准起草工作计划方案。根据工作计划，起草工作组在认真学习有关文件及GB/T 1.1—2002《标准化工作导则》的基础上，着手广泛收集国际、国内具有行业代表性的著名生产型、应用型企业及主要马铃薯加工产业国家和地区的行业标准、产品标准资料，进行整理、归纳、分析、对比。在充分酝酿的基础上，确定了标准的主体框架和修订内容。为了保证标准内容的完整、全面、准确、合理，又多次征询了业内多位生产、应用资深专家和科研院所的意见，数易其稿。

在经过多次行业评审、网上公示、征询意见的程序后，2005年10月28日，由中国商业联合会主持，在哈尔滨召开了“马铃薯淀粉国家标准审定会”。会议特邀了来自中国淀粉工业协会、中国发酵工业协会、中国食品添加剂协会等行业主管单位；江南大学、广西大学等院校；旺旺集团、顶峰淀粉等应用厂家；阿维贝润凯、黑龙江丽雪、沃华、青海威斯顿等生产厂家的共20余名国内权威专家，对马铃薯淀粉修订标准进行了严格、细致的评审，在进一步修改、完善的基础上，一致通过了GB/T 8884《马铃薯淀粉》草案，并报国家标准委待批。2007年，《马铃薯淀粉》GB/T 8884—2007正式发布执行。

新标准根据国际通用的、先进的方法，做了多项改进。在检测内容方面，增加了表示淀粉纯净度的“电导率”指标、表示工业应用性能的“pH”指标、表示食品安全卫生的微生物指标等。在检测标准方面，提高或严格了水分、白度及二氧化硫、黏度、斑点、细度、砷、铅含量等指标的要求。在检测方法方面，按国际惯例，将“恩氏黏度”，改为“布拉班德黏度”，将“酸度”改为“pH”。同时，在指标分类上，将原“二级品”改为“合格品”，目的是体现出食品类国家标准对产品的规范和管理职责，体现出对市场准入的基准和管理范畴。

业界专家组认为：马铃薯淀粉修订标准，达到了国际先进水准，实现了与国际标准接轨。颁布、执行后对我国马铃薯淀粉行业规范、健康的发展起重要的促进作用，同时，也为我国产品进入世界市场，规避技术壁垒、贸易风险铺平了道路。

第三节　编制《技术》和《规范》，指导科学“肥水还田”

马铃薯淀粉加工过程中会产生大量的废水，该废水中含有丰富的氮磷钾，如果能科学还田，就能将取自田地的有用生物营养物质归还至土壤环境中，能促进农作物的生长，保护生态系统物质循环，节约资源。

一、编写《马铃薯淀粉工业水发展循环经济技术》

2009年，协会依据日本及北欧国家使用标准和方法，结合中国农情加以改进，提出并编写了《马铃薯淀粉工业水发展循环经济技术》(以下简称《技术》)，即在生产过程中建立了“资源—产品—再利用—再生产”的循环经济模式，实现经济发展与生态平衡的协调，实现低消耗、无害排放和高社会效益的目标。

协会组织编写《技术》旨在对马铃薯淀粉废水综合处理制定完善的工业废水

处理工程技术规范，并确定农田施肥喷灌技术指标，选取农田喷灌最佳时段和节能灌溉工艺流程以及肥水农田喷灌使用标准，保证马铃薯淀粉工艺水的合理、规范使用，来实现水资源循环利用的显著经济和社会效益。

马铃薯淀粉加工“工艺水”是指马铃薯淀粉加工过程中原料本身释放出的细胞液和在洗涤淀粉后产生的洗涤水的总和，也称马铃薯淀粉加工的工业废水，马铃薯淀粉加工产生的废水（汁水），富含氮、磷、钾及各种有机物，非常适合农田灌溉，可改良土壤、增强地力。日本科学家二国二郎在《淀粉科学手册》中指出：“马铃薯中含有氮0.3％、磷0.1％、钾0.5％，在淀粉制造之中磷的70％、其余成分的90％左右均转移至废水中，因而可以将这些废水返回到旱地和草地作为肥料利用，废水作为肥料和灌溉方面的利用，其条件是需要有广大的土地，这是将原料从土壤中摄取来的物质重新还给大地，只要当地的条件许可，这乃是一种最好的处理方法。”

关于肥水农田喷灌，《技术》提出了五个“技术规范”要点。

1．适时、适量、适作物喷灌的技术规范

喷灌要适量。一类地：在开垦1～2年的农田（生地）喷灌量为6～7吨/亩/年；（以工艺水计）二类地：在开垦2年以上的农田（熟地）喷灌量为4～5吨/亩/年。在操作过程中施用量要适量调整。工艺水和清水混合喷灌比例为1∶2，以降低汁水的浓度，利于喷施。

选择适时喷灌时段：分秋、春两季喷灌。在秋翻地前或春播翻地前进行为宜，可加强肥力。在平坦的土地上，每次的喷灌时间在7～8小时以内。在坡地上，每次的喷灌时间为2～3小时，分3次进行喷灌，以不产生地面径流为准。

适作物浇灌：马铃薯和玉米混合肥水用量基本相同，秋天和春天混合肥水使用量70～80吨/公顷，相当于施氮肥25.5～37.9千克/公顷；施磷肥8.49～9.45千克/公顷；钾肥102.0～113.4千克/公顷；草80～90吨/公顷，氮、磷、钾的用量有些区别。

2．建设灌溉管网

建设、配备必要管网系统，向周边农田输送、喷施，同时要建设二级分水池，一方面缓解泵站的输送能力，另一方面便于配比稀释过程，同时有利于控制汁水喷灌量和农田喷灌面的均匀性，防止局部过量。分水池边要打井，提供稀释水。

3．土地条件

工厂周边要有条件适合的农田，一是平地或缓坡地，山区土地不适宜，二是有足够量的土地，马铃薯淀粉以吨粉计需产生15～20立方米工艺水，要有与产能相匹配的土地量加以利用、消化。

4．混合肥水农田喷灌系统评价

要根据肥水灌溉对农田土壤理化性状的影响、对作物生长发育和产量的影响、对作物产品品质的影响和对以周围饮用水源为重点的环境影响综合测评，通过试验、实践总结制定应用标准，来满足农田土壤和农作物的需求的预期效果，达到水资源循环利用。

5．适用领域

“三北”地区旱作农业基本农作物均适用。如玉米、小麦、谷物、豆类、薯类、油料作物等，普遍可增产1～2倍。

《技术》指出，根据内蒙古奈伦公司肥水还田实验数据，肥水还田具有明显的增加土壤肥力、农作物增产增收等效果。内蒙古奈伦公司肥水还田实验从1996年开始历经13年。首先对呼和浩特市和林县城关镇基地试验田，根据不同作物和土壤中不同养分的含量来使用汁水，2006年对农田土壤氮、磷、钾含量对照组结果进行了调查。2007年对黑龙江依安县奈伦试验基地进行了调查。

调查结果显示：一是提高土壤肥力。利用“肥水”灌溉的农田比对照田土壤容重降低0.008～0.028克/立方米，土壤总孔隙度增加0.4%～1.06%；且灌溉年份越长，土壤容重越低，说明利用马铃薯肥水灌溉农田可以有效地改善土壤结构；二是促进作物生长发育，有显著增产效果。进行对比试验后，检查作物长势和收购情况，浇肥水的田地产量比未浇的明显增加，利用“肥水”灌溉的作物长势明显优于对照农田，农作物增产增收。马铃薯、玉米、油麻、大豆对比试验结果如表9-1所示。浇肥水后马铃薯株高、粒多，产量平均增加了500斤/亩，产量平均增加30%~50%。大豆株高、颗粒重，平均增加了150斤/亩，产量增幅为60%。玉米株高、穗长、单株穗重，产量增幅为50%~60%。油麻株高，产量增加了100斤/亩左右，产量增幅达到1倍以上；三是节省肥料，降低生产成本。据对灌溉“肥水”农田土样分析测定结果以及农户生产经验结果表明，“肥水”灌溉农田可以有效提高土壤肥力，可以少施肥甚至不用施肥，土质肥力明显改变。以每亩浇灌“肥水”5吨测算，相当于为耕地土壤提供：氮3.5千克/亩，折碳酸氢铵20.5千克或尿素7.6千克；磷0.5千克/亩，折磷酸二铵1.1千克；钾6千克，折硫酸钾12千克。农民利用“肥水”灌溉5年以上的农田基本不施化肥，而灌溉2~4年的农田也只是在作物关键生育期适量追肥，与对照组相比（灌溉清水、正常施肥）每亩可节省肥料投入50~100元，节省肥料，降低生产成本。

表9-1　喷施肥水的农田与不使用肥水的农田对比

作物 项目组	马铃薯	玉米	油麻	大豆	喷施量/（立方米/亩）
不使用肥水农田/斤	1600~2000	700~800	100~120	150	无
使用肥水后增产出/%	30~50	50~60	100	60	5~6

最后，《技术》总结认为：把马铃薯淀粉工艺水变成“肥水”灌溉农田确是一项资源节约型、环境友好型和实现干旱、贫困地区农业的可持续发展的技术措施。完全符合《中华人民共和国循环经济促进法》关于“提高资源利用效率，保护和改善环境，实现可持续发展”以及“资源化、再利用”等相关原则，具有推广价值。

2009年11月20日，中国淀粉工业协会马铃薯淀粉专委会向环境保护部打了

《关于马铃薯淀粉工业水发展循环经济的请示报告》。

2010年3月24日，环境保护部科技司复函指出：“马铃薯淀粉生产废水具有一定的肥效，可将其用于农灌，目前一些国家开展了相关研究，获得了地理学、土壤学、气候学和水文地质学的可行数据，阐明了灌溉对环境及食品质量的影响程度，认为可以在待定的时间、待定的地区进行有条件灌溉。”

同时，复函还指出：“建议继续开展有关实验工作，并规范实验方法，以进一步评估其环境安全性和技术经济可行性。”“建议先在有足够消化水量的大面积平原地区开展试点，跟踪了解详细情况，积累运行数据并开展环境影响评估。”

《技术》的编写对行业发展具有深远的影响意义，也为后来环境保护部出台《关于支持固原市开展马铃薯淀粉加工废水汁水还田利用研究试点工作的复函》（环水体函2017.6号）打下了基础。

二、编制《马铃薯淀粉工业有机肥水农田利用技术规范》

2018年，协会再次组织中国轻工业清洁生产中心、内蒙古华欧淀粉工业股份有限公司、北大荒马铃薯集团有限公司等单位专家编写了《马铃薯淀粉工业有机肥水农田利用技术规范》（T/SIACN 01—2018）。当年9月20日，由中国淀粉工业协会正式发布实施。

《规范》首先提出了还田的“基本要求”。

一是马铃薯淀粉生产有机肥水农田利用企业应根据自主经营的土地（包括与其他法人签约流转的土地）对有机肥水的消纳能力，确定企业的生产规模。

二是马铃薯淀粉生产有机肥水农田利用前应对肥水中的蛋白质进行提取，蛋白质提取标准设备的处理能力应与其加工淀粉产生肥水量相匹配，蛋白质提取后的有机肥水进行农田利用。

三是有机肥水农田利用企业应严格限制还田水量，并通过种植农作物吸收消纳有机质，实现“肥水还田—农作物种植消纳—肥水还田综合利用”的良性循环，如果土地条件有限，过量排灌，导致农作物不能正常生长，消纳，则禁止使用还田模式。

四是无相应消纳土地的马铃薯淀粉生产企业或集聚区，应建立企业污水处理设施或集中污水处理设施，废水排放应满足GB 25461—2010或GB 5084—2005相关要求。

同时，《规范》也提出了“还田要求”。

一是安全施用。马铃薯淀粉生产有机肥水还田前，应进行沉淀、消毒等预处理，杀灭致病菌、虫卵和杂草种子等。

二是马铃薯淀粉生产有机肥水还田水质重金属、无机盐浓度应满足GB 5084—2005中的相关要求。

三是马铃薯淀粉生产有机肥水单独或与其他肥料配施时，应满足作物对营养元素的需要，适量施肥，以保持或提高土壤肥力及土壤活性，有机肥水的施用应不对环境和作物产生不良后果。

四是施用时间。有机肥水施用时间应在秋收后或春播前土地空闲期，作为农作物底肥施用。有机肥水施用时应避开雨季，施入裸露土地后应及时进行翻耕入土。

五是施用方法。马铃薯淀粉生产企业与还田利用的农田之间应建立扬送泵站和有效的输送管网，要配套供用电基础设施。设置田间分水池。有机肥水应采用喷灌或微灌等施用方式，禁止采用漫灌等易导致过量施用的灌溉方式。

六是还田限量。对还田的土壤肥力进行测试评价，以地定产，以产定量。根据还田土壤肥力，确定种植作物预期产量。结合有机肥水中营养元素的含量，种植作物当年或当季的利用率，计算应还田的有机肥水的量。

《规范》还提出了“环境质量监测要求”。

（1）地下水环境质量监测。还田区地下水环境质量监测，每生产季两次，应分别在农田利用前和农田利用后进行监测。

（2）地下水环境质量监测。应按照HJ/T 164中的相关要求进行监测。

（3）还田区地下水环境质量。应满足GB/T 14848—2017中的相关要求。

（4）土壤环境质量监测。还田土壤环境质量监测，每生产季一次；土壤环境监测应按照HJ/T 166相关要求进行监测；还田土壤环境质量应满足GB 15618—2018中的相关要求。

（5）地表水环境质量监测。还田区地表水环境质量监测，每生产季两次，应分别在农田利用前和农田利用后进行监测；地表水环境质量监测应按照HJ/T 91—2002中的相关要求进行监测；还田区地表水环境质量应满足GB 3838—2002中的相关要求；如企业周边无地表水水源，则不进行地表水环境质量监测。

（6）恶臭监测。还田区异味监测，每生产季一次；恶臭监测应按照HJ 905中的相关要求进行监测；还田区异味排放应满足GB 14554—1993中相关要求。

周庆锋会长表示，国家发布的《排污许可申请与核发技术规范—淀粉工业》标准中，保留了“薯类淀粉生产废水还田时应进行前处理，消除异味，按国家或地方相关法律法规标准规范实施”，《规范》正是本着这一规定而编制的，填补了国内马铃薯淀粉行业的空白。同时，《规范》发布实施，是马铃薯淀粉行业可持续发展的关键保障，也是马铃薯淀粉加工有机肥水还田的重要依据和方向。

第四节 编制《技术规范》和《饲料原料 马铃薯蛋白粉》两项团体标准

2018年，协会组织编制的《马铃薯淀粉工业有机肥水农田利用技术规范》被马铃薯淀粉主产区的一些地方政府采信。同时，为进一步提高该规范的操作性，协会组织中国轻工业清洁生产中心、内蒙古华欧淀粉工业股份有限公司、北大荒马铃薯集团有限公司、青海威思顿薯业集团有限责任公司、甘肃蓝天马铃薯产业发展有限公司、庄浪县宏达淀粉加工有限公司、安徽泰德康农业科技发展有限公司、宁安市粮油淀粉机械制造有限公司、内蒙古蒙森农业科技股份有限公司、陕西定边县源泽农业科技开发有限公司等单位起草编写了《马铃薯蛋白粉提取操作技术规范》（以下简称《技术规范》）及《饲料原料 马铃薯蛋白粉》两项团体标准。2019年8月19日，两项团体标准由中国淀粉工业协会正式发布、实施。

《技术规范》主要规定了从马铃薯淀粉生产过程中产生的汁水进行蛋白质提取的术语和定义、基本要求、工艺流程、操作步骤、汁水的处理要求、主要工艺设备和材料、质量管理。该标准适用于采用热絮凝法从马铃薯淀粉汁水提取饲料原料马铃薯蛋白粉的工艺过程。

《饲料原料 马铃薯蛋白粉》主要规定了饲料原料马铃薯蛋白粉的术语和定义、要求、抽样、试验方法、检验规则、标签、包装、运输、贮存和保质期。该标准适用于饲料原料马铃薯蛋白粉。

此外，协会还为马铃薯产业及马铃薯淀粉加工业争取了国家多项相关税收减免及优惠政策，譬如马铃薯流通免税政策、农产品加工所得税减免政策、淀粉出口退税优惠政策等。本书“产业政策篇”对涉及马铃薯及马铃薯淀粉的相关税收政策有详细的阐释，在此就不再赘言。

第五节　组织行业会议：碰撞思想、破解难题、分享技术、共享信息

前文提过，协会自2006年成立以来，每年都要组织召开“马铃薯淀粉产业论坛会”（每届会议都有独立的主题，为行文方便，现统称为“马铃薯淀粉产业论坛会”），分析产业痛点，解决产业发展面临的各类问题，同时也分享和发布先进的工艺技术和产业相关信息，从而促进产业健康、可持续发展。

当然，每届会议都会总结产业发展的成果和亮点，也碰撞思想，谋划发展蓝图。现将2006—2020年历届会议汇总如下，让我们从协会的历届会议纪要中把脉产业的未来。

1．2006年8月25日，“中国淀粉工业协会马铃薯淀粉专业委员会第一届第二次理事会”在呼和浩特召开。

会议首先通报了2006年1月10日全行业共同发起组建“马铃薯淀粉专业委员会”的情况。现已完成了国家民政部、中国淀粉工业协会、内蒙古自治区民政厅等主管部门的审批工作，并正式挂牌运营。这标志着中国马铃薯淀粉产业已步入了有组织、有协作、有计划健康发展的轨道。协会的成立，是行业发展史上重要的里程碑。

其次，大会通报了一大喜讯：在国家商务部的高度重视和支持下，中国马铃薯淀粉行业反对欧盟马铃薯淀粉倾销案取得了第一次战役的胜利。

国家商务部已作出初裁：认定欧盟产品构成倾销，造成对中国产业的损害。并采取贸易救济保护措施，从2006年8月18日起对欧盟产品征收反倾销保证金。这标志着多年以来，凭借政府高额补贴，一直对中国马铃薯淀粉市场进行超低价倾销，以极不正当的竞争手段压制中国产业正常发展的欧盟马铃薯淀粉，终于受到了公平贸易法律的制裁。未来，中国的马铃薯淀粉产业将获得良好的发展空间，并获得正常的经济效益和社会效益，持续为“三北”和西南贫困地区的三农产业和地方经济的发展带来强大的生机和活力！

会上，时任国家商务部公平贸易局处长郭策宣布了对原产于欧盟的进口马铃薯淀粉反倾销案的初裁决定：“调查机关初裁决定，原产于欧盟的进口马铃薯淀粉存在倾销，中国马铃薯淀粉产业遭受了实质损害，同时倾销和实质损害之间存在因果关系。”并对征收原产于欧盟马铃薯淀粉的反倾销保证金的相关规定作了介绍，对各原产于欧盟的淀粉公司征收保证金的比率作了相关规定。

同时，郭策处长指出：一方面，要珍惜来之不易的良好发展机遇，搞好生产经营，提高经济效益，保证产品质量，稳定市场供需，同时要强化企业管理，推进技术进步，产业升级，要降低能耗，降低污染，增强企业竞争能力，为促进三农产业，发展地方经济做贡献；另一方面，要积极配合商务部最终裁决前的各项工作，要做好利害关系方的应对措施，行业各相关生产单位要积极做好与调查机

中国淀粉工业协会马铃薯淀粉专业委员会第一届第三次理事会暨全体会员大会

关的协助取证工作，及时提供相关有力的证据。并且要以中国淀粉工业协会马铃薯淀粉专业委员会牵头，组织好行业内各相关单位的调查问卷和损害核查工作。

最后，会议就2006产季各产区、各骨干企业原料形势、行情及生产计划，进行了交流通报。与会代表一致认为：行业交流非常重要，可使各地企业对行业整体情况充分了解，有利于企业经营的科学决策。

2．2007年3月22日，“中国淀粉工业协会马铃薯淀粉专业委员会第一届三次理事会”在北京召开。

会议通报，商务部已于2007年2月5日第8号公告最终裁定：原产于欧盟的进口马铃薯淀粉存在倾销，中国马铃薯淀粉产业遭受了实质损害，并从即日起对原产于欧盟进口马铃薯淀粉征收17％～35％的反倾销税。

会上，时任国家商务部产业损害调查局处长关钢指出：马铃薯淀粉反倾销案涉及三农问题、贫困地区经济发展问题，商务部领导高度关注。在一年内完成立案、初裁和终裁工作，前所未有。从数据看：2006年1月份从欧盟的进口量是11500吨，价格是370美元/吨；而2007年1月为581吨，价格是500美元/吨，效果非常明显，达到了控制进口和保护国内产业的目的。

同时，关钢表示，案件终裁并不意味着一劳永逸，还有相当多的法律问题需要行业协会和企业全力配合。在此过程中要高度关注欧洲行业动态和国内相关产业动态。要做好应对出口商复审、期中复审、情势变迁复审、日落复审、行政复议等各种动态因素的准备。商务部在五年内要密切跟踪、检查产业状况和发展趋势。关钢特别指出，在国家的保护政策下，行业必须注意规范，有序发展，不可过度扩张，过度抬价。如果对相关产业造成不良影响，商务部会根据情况调整政策，这方面已有多起案例，马铃薯淀粉企业也应高度重视。行业协会在案件审理过程中，起到了重要的协调、促进作用，在以后的经营发展中，更要注意行业管理、自律、规范问题，做到全行业科学发展，和谐发展。

会上，中国淀粉工业协会副会长、变性淀粉专业委员会主任顾正彪作了“国内外变性淀粉的生产、应用现状及经济技术分析”的工作报告。他指出，变性淀粉工业是淀粉行业新的发展趋势：变性淀粉有广阔的市场需求。造纸行业，以2005年5000万吨纸量计算，添加1％，就需要50万吨变性淀粉，而美国是添加

中国淀粉工业协会马铃薯淀粉专业委员会一届九次理事会

2%，如果达到美国的添加水平，则需要100万吨；纺织行业，年需耗用浆料25万吨左右，淀粉类是主体，占75%左右，每年需17.5万吨；食品行业，如方便面，2004年产量380万吨，若其中50%添加，添加量按10%计，就需要19万吨，再加上果汁饮料、火腿肠等，每年食品行业需要30万吨以上；特种饲料，年需水产（鳗鱼、甲鱼等）饲料量近40万吨，其中变性淀粉占25%左右，每年需要10万吨左右；还有铸造、石油钻井、医药、印染等行业。预计到2010年，全国变性淀粉的需求量为120万吨至150万吨；2015年将达到200万吨。未来，变性淀粉生产厂家为用户提供“预混料”将成为时尚。

3．2008年3月24日，“中国淀粉工业协会马铃薯淀粉专业委员会第一届五次理事扩大会”在北京召开。出席会议的有国家商务部产业损害调查局，国际马铃薯中心中国区代表，会员单位51家企业代表，总共60多人出席了会议。

会议指出，国家商务部对贸易救济保护期内的马铃薯淀粉加工业高度关注，裁决以来曾多次召开专门会议，听取汇报，指导工作，当年产业损害调查局下达了2008年第22号文件《关于进一步开展贸易救济效果跟踪工作的通知》，要全面了解和掌握贸易救济措施实施以后，涉案产业的恢复发展状况和产业结构变化情况，客观公平地评估政策效果，为今后行业政策的制定提供依据。

会议总结认为，马铃薯淀粉行业总体呈稳定发展态势，生产、销售的形式也比较好。环保方面关于“汁水还田”的方法得到了相关部门的认可，并组织相关环保部门参观了内蒙古、宁夏和欧洲的一些示范工程。因此，企业可以采用这种“汁水还田”的处理模式来进行环境污染治理，不过要严格按技术规范来运作，绝不可以随意在农田乱排，这样对农作物和农田均会造成不良的影响，破坏了合理有效的处理模式，会导致环保部门的重新认定，给行业发展造成障碍，希望大家科学有效地使用这种方式，争取使其成为一种很成功的方式，得到国家的正式批准。

现在国内的马铃薯产业的产能在快速增加，发展形式也到了一个重要的阶段，市场需求量已接近饱和，2007年产能就新增了20多万吨，当年各地还有一些建厂的计划，根据协会了解的情况还要有15多万吨的建厂计划，按这个速度发展下去，明年初就要突破“十一五”规划80万吨的目标，所以现在也应该开始考虑适当地规划产能，不能再进行盲目地建厂扩产，否则会造成严重的市场饱和问题。当下要走合理整合、配置资源的道路，否则在原料供应、市场接受方面都将造成严重的问题。

反倾销案胜诉后，产品价格水平基本上回落到一个合理的水平，但是部分下游产业已经不能承受原料价格的上调，逐渐转向寻求其他类型的淀粉作替代品，如果各工厂的产能都正常发挥出来，将超出市场的接受能力，从行业全局的角度出发，应该有一个科学规划、合理发展的计划，来避免行业过剩，导致市场饱和的问题。

4．2009年6月20日，“中国淀粉工业协会马铃薯淀粉专业委员会第一届七次理事会”在北京召开。

会上，时任国家商务部产业损害调查局处长于伟毅就马铃薯淀粉贸易救济跟踪工作和产业安全预警工作的相关情况进行了发言。她指出，马铃薯淀粉反倾销从2006年立案到目前已进行了2年多的产业跟踪调查，从行业的发展来看起到了一定的成效。企业效益的提升，对上游薯农的收入也起到了很大的提升作用。因此，对涉案马铃薯淀粉跟踪调查是非常有必要和有效的。

时任国家质量监督检验检疫总局食品生产监管司司长吴清海对淀粉行业相关食品安全方面的政策、法规作了相关的发言。吴清海指出，国家质量监督检验检疫总局从当年1月份就开始与协会进行沟通，先后已有四次业务往来。通过这段时间的沟通可以看出，马铃薯淀粉行业很重要，本产业一手托两头，一头是几千万的农民，直接关联着贫困农民的致富，另一头托着马铃薯淀粉加工业及下游的加工行业。

会议指出，近年来协会一直在积极和国家相关部委沟通联络，为产业争取国家相关扶持政策，有的已经做出明文规定，公开发布执行，有的被作为内部文件发到各部委贯彻执行，这对产业起到了非常重要的作用。譬如将马铃薯淀粉列入了农产品初加工范围，可享受农产品加工所得税减免；马铃薯可享受农产品流通免税政策；解决了马铃薯产业抵押难贷款难的问题；解决了变性淀粉生产许可空白的问题等。

此次会议还就淀粉行业相关的新技术、新工艺和新设备做了新闻发布。发布会上，哈尔滨工业大学爱科乐生物工程有限公司总经理蔺保华作了“关于采用马铃薯淀粉加工副产物发酵生产高蛋白饲料的综合利用技术”报告；美最时洋行（北京代表处）徐萍经理作了“关于目前淀粉行业黏度测试方法的发展现状”报告，并介绍了淀粉黏度测定方法国家标准修订以后对行业标准化的相关要求，还对目前德国布拉本德黏度仪的新技术和新设备进行了相关的介绍。

5．2010年4月13日，“中国淀粉工业协会马铃薯淀粉专业委员会一届九次理事会”在北京召开。

会议分析了马铃薯淀粉加工产业面临的形势和任务。2009年受国际、国内金融危机、经济危机影响，以及欧洲产品第二轮大幅倾销冲击，国内马铃薯加工产业遭受严重打击。

为了化解困局，渡过难关，协会紧密依靠和协调政府开展了以下工作：申请政策扶持，化解全国性卖薯难及加工产业困难；协同配合编写《关于解决马铃薯产业困难问题的调查与建议》；配合国家发改委、工业和信息化部、农业部、财政部、国家质量监督检验检疫总局等主管部委密集开展行业普查、调研、产业扶持政策研讨等救助工作；密切同财政部、国家税务总局、农业部、工业和信息化部协商改善初级农产品加工税务政策；申请和协调商务部密切关注欧盟产品第二轮倾销和违规高额出口补贴对国内产业的冲击和影响；配合商务部做好贸易救济措施效果跟踪工作；配合国家质监总局开展薯类淀粉行业食品安全普法教育和行业普查工作；配合工信部、国家粮食局编制《马铃薯加工产业中期发展规划（2010—2020）》；配合环境保护部开展《淀粉工业污染防治技术政策》调研、编制、评审工作。

2011年商务部反倾销调查跟踪座谈会

6．2011年4月19日，“中国淀粉工业协会马铃薯淀粉专业委员会第二届会员代表大会”在北京召开。

会议回顾总结了中国淀粉工业“十一五”发展情况，对马铃薯加工产业“十二五”发展规划及食品安全工作作了汇报和分析；对近期国家发改委、财政部关于农产品加工业及薯类加工业政策动态进行了通报与分析；对马铃薯淀粉行业污染防治现状与发展循环经济的主要措施进行了交流与总结；会议还就对欧盟发起的“双反”贸易救济案的阶段性成果及进展情况作了介绍。

同时，会议还就2010年产季各主产区生产情况及下一步的生产经营策略进行了热烈的讨论。由于去年总体马铃薯种植面积减少，自然灾害严重，再加上商品薯市场走俏，挤压工业用薯，导致了国内马铃薯总产量有所下降。因此，会议建议各产区生产企业应认识到保障原料的重要性，积极采取有效的措施把原料基

中国淀粉工业协会马铃薯淀粉专业委员会第二届三次理事会

地的建设作为企业发展经营的重要内容。

7. 2012年8月30日，“中国淀粉工业协会马铃薯淀粉专业委员会第二届三次理事会”在北京召开。

会议听取了《关于加强市场建设、组建马铃薯淀粉期货交易市场》的报告。在农产品加工行业中，农产品及加工制品的价格波动很不稳定，经常对三农产业及加工产业造成严重影响，而正确利用期货交易平台及中远期市场的套期保值交易则可以很大程度地减轻这些因价格变动所引起的不利后果，是生产商、加工商、流通商以及贸易商和金融机构进行市场交易和规避风险的有效工具。报告对构建马铃薯淀粉大宗商品电子交易市场做了系统的分析，大宗商品电子交易市场采用中远期现货网上订货的交易形式和线上拍卖交易等模式，在提升现货市场的交易效率与交易质量的同时，促进了市场交投活跃，保值增值，也弥补了期货市场因法规框架制约而导致的创新不足、跟不上现实需求的发展缺陷。

同时，会议分析了马铃薯淀粉自反倾销措施实施以来，欧盟马铃薯淀粉的对华出口变化情况，以及国内产业的受损和恢复情况。并对过去一年来开展的“马铃薯淀粉反倾销期中复审案”和“马铃薯淀粉反补贴案”两起贸易救济案件进行了总结，对欧盟反倾销日落复审案进展情况作了汇报。

会议还对“十二五”主要行业发展方向、重点任务作了报告。马铃薯加工业已列入国家粮食局《中国粮油加工业“十二五”发展规划》，得到了政府的高度重视，国家各主管部委纷纷出台产业扶持政策，限制玉米、小麦等粮食产品深加工产业，大力鼓励发展薯类种植、贮藏和加工产业，薯类产业面临最好的历史发展机遇。国家工信部和农业部当年初正式发布了《马铃薯加工业“十二五”发展规划》，充分考虑了行业的发展形势和发展需求，将对行业内所有加工产品在“十二五”期间和以后历史时期起到重要的规范和指导作用。从原料保障、储运体系、加工能力、产业结构、自主创新、产业集群、质量安全、节能减排方面设立了明确的规划目标。并针对马铃薯淀粉、全粉、马铃薯冷冻薯条、薯片加工和马铃薯新型产业加工的主要行业发展方向，提出了具体要求，为保障规划目标的实现，规划中还提出了翔实、明确的扶持政策，在政策措施方面，一是要加强政策引导和协调；二是加大财政和金融支持力度；三是加强产品质量安全管理；四是鼓励兼并重组和淘汰落后；五是支持科技创新和技术改造；六是推进企业诚信建设；七是发挥行业组织作用。

8．2013年3月20日，“中国淀粉工业协会马铃薯淀粉专业委员会会长办公（扩大）会议”在北京召开。

会议对2012年度工作做了总结。2012年协会主要针对马铃薯淀粉反倾销日落复审工作做了大量的工作，积极配合商务部公平贸易局、产业损害调查局开展了企业调查、现场核查、启动会、陈述会、听证会、效果跟踪会、上下游产业交流会等集体行动。期间先后配合、陪同商务部公平贸易局局长周晓燕赴西北产区、副局长刘丹阳赴东北产区；产业损害调查局局长顾春芳赴华北产区、副局长王新赴华北产区、西北产区考查、现场核查，确认了产业损害情况，并多次向国家发改委、国务院税则委、工业和信息化部、农业部等相关主管部委汇报、协调、争取支持。今年2月3日，商务部发布第4号公告，决定将对欧盟淀粉反倾销措施延续5年，取得了贸易救济案件“第四战役”完全胜利。2012年协会争取了国家发展和改革委员会、国家粮食局的支持，将马铃薯加工业列入了国家粮食加工“十二五”发展规划。2012年开展了薯类淀粉工业水发展循环经济技术项目研究，并参加了环境保护部组织的《淀粉行业污染防治技术政策》的编制工作及其他行业交流等各类活动。

同时，会议确定了协会2013年工作要点：一是与北京绿色联盟电子商务有限公司开展合作。此项工作开展后将有效规范产品销售市场，稳定价格，保障产品质量及食品安全，防止恶性竞争，促进产业健康发展；二是鉴于近年来各种走私、规避监管的不正当贸易行为日益严重，损害市场秩序，会议决定向海关总署申请开展打击马铃薯淀粉各类走私活动，加强针对涉案产品的监管力度；三是鉴于近年来行业内掺杂使假行为日益严重，严重危害食品安全、产业安全，会议决定向国家质量监督检验检疫总局申请开展打击马铃薯淀粉掺假、各类伪劣马铃薯淀粉产品活动；四是向财政部、国家税务总局就目前的税收政策特别是企业所得税减免政策的执行进行进一步的协调；五是协会将逐步建立权威的发布信息网络，维护行业的正当权益，切实维护产业的安全。

9．2014年3月18日，“中国淀粉工业协会马铃薯淀粉专业委员会2014年度会长办公（扩大）会议”在北京召开。

会议总结了协会2013年的工作，并提出了2014年的主要工作方向。各产区副会长对2013年度本产区的淀粉加工企业产量进行了核定、确认；组织各产区推荐中国淀粉工业协会建立淀粉行业专家库人选；会议还分析了2014年马铃薯淀粉市场形势及相应经营策略；讨论了《淀粉工业污染防治政策征求意见》修改意见稿。

会议指出，针对马铃薯淀粉掺杂使假行为，2014年协会将“禁止和打击产品掺杂使假行为”作为工作重点，并在今年进一步向国家质量监督检验检疫总局食品监管司、国家食品药品监督管理局食品监管二司等主管部委做详细汇报。

国务院同意全国打击侵犯知识产权和制售假冒伪劣商品工作领导小组《关于依法公开制售假冒伪劣商品和侵犯知识产权行政处罚案件信息的意见（试行）》（国发〔2014〕6号）和《2014年全国打击侵犯知识产权和制售假冒伪劣商品的通知》（国办发〔2014〕13号），都对淀粉行业打击假冒伪劣产品的行动给予了一定的政策支持。

此外，2014年协会还会对十多家会员单位提供各类淀粉样品全项检测服务；对马铃薯淀粉加工工业水发展循环经济等方面进行技术指导；同时，还将开展各类企业生产技术培训会、质量管理培训会、企业管理培训会，加强各会员单位间的沟通与交流。

10．2015年7月27日，“中国淀粉工业协会马铃薯淀粉专业委员会第三届会员代表大会暨换届会议”在北京延庆召开。

会议首先介绍了淀粉行业的基本情况及发展趋势，对马铃薯淀粉行业的产区分布及生产量、进出口数量及马铃薯淀粉行业的发展趋势进行了概括性的分析。并对2015年秋季生产期各省区农情、行情及生产形势进行了交流、探讨。

此外，协会负责人在大会作了报告。报告分析了马铃薯淀粉行业基本情况，经济运行情况及行业发展态势，以及协会近年来争取到国家的各类扶持政策；马铃薯加工业被列入国家发改委、工信部、农业部等主管部委发展规划；协会组织的各类会议及开展的各项活动（包括协会对会员单位开展的咨询服务及开展马铃薯产业损害预警工作等）。

报告指出，协会在“反倾销、反补贴”事件中，配合商务部各司局开展了大量的产业调研活动，取得了贸易救济案件“四次战役”完全胜利，成功抵制了欧盟产业的不正当竞争，保护了国内产业的持续、健康、稳定发展，起到了积极的作用。协会努力争取财政部、国家税务总局对行业的支持，分别在免征所得税、增值税改变“高征收、低抵扣”实行进销项拉平取得成功，为薯类加工产业减负增效做出了贡献。

11．2016年8月18日，“2016年中国马铃薯淀粉产业峰会暨中淀协马铃薯淀粉专委会三届二次理事会”在湖北荆州召开。近百名马铃薯淀粉加工、食品机械、电子商务等领域的企业家以及业内专家出席了大会。

会议就行业形势分析、协会建设、双反案进展、各省农情行情、行业标准工作、环保工作、新工艺新技术、品牌创建等内容进行了充分交流。

会议指出，当代中国正处于一个伟大变革的时代，在这大调整、大变革的时期，马铃薯淀粉产业面临的发展机遇与困难挑战前所未有，如何突破马铃薯淀粉行业发展瓶颈，解决原料季节性短缺、环保压力、国外进口微变性淀粉的市场冲击、国内低价恶性竞争等难题，用“创新、协调、绿色、开放、共享”的发展理念，来走马铃薯产业集约化、专业化、规模化发展的路子；企业通过兼并、收购、重组、控股等方式，组建大型企业集团是未来行业发展的必然要求，我们要紧紧围绕马铃薯主食产业的客观要求，进一步延伸产业链条，创新经营模式，加快马铃薯种薯、种植、加工、营销等各环节深度融合。我们要转变经济发展方式，盘活存量资产，实现资源流转，突破产业发展瓶颈，破解影响马铃薯淀粉工业发展的突出矛盾和问题，在破解矛盾问题中凝聚行业发展共识，准确地把握、续写中国马铃薯淀粉工业的新辉煌。

12．2017年8月25日，“中国马铃薯淀粉产业峰会暨中淀协马铃薯淀粉专委会三届三次理事会”在内蒙古呼和浩特召开。

首先，会议认为，我国的淀粉工业尤其是马铃薯淀粉业面临着转型升级的机遇和挑战，必须走“环保、绿色、健康、可持续发展”之路，同时，行业要与国家马铃薯主食化战略政策相结合，要与品种选育、淀粉加工专用薯种植相结合，要与国际先进的加工工艺技术相结合，只有这样，产业才能稳定、持久发展。

其次，会议通报了“双反”工作进展情况及“小散乱污”企业的整顿及规范建议。会议指出，近年来加工业发展迅速，由于准入门槛低、市场监管不严，许多设备简陋、资质不全的“小散乱污”企业遍地开花，对产业的健康发展造成了多方面的严重损害。因此，下一步，各产区要紧密围绕国家马铃薯产业发展战略，结合产业实际，深入扎实地开展行业治理和产业升级，清理“小散乱差”，淘汰落后产能，提升食品安全和市场竞争能力。

13．2018年3月20日，“中国淀粉工业协会马铃薯淀粉专业委员会会长办公会（扩大）会议”在内蒙古赤峰召开。

会议总结了2017年度协会的工作，分析了当前马铃薯淀粉产业的发展形势，

中淀协马铃薯淀粉专业委员会2018年度会长办公会（扩大）会议

同时，安排部署了2018年协会的主要工作方向。

会议认为，马铃薯作为我国第四大粮食作物，具有粮、菜、饲、加工等多种用途，推进马铃薯加工开发，对稳定粮食产能、推进农业结构调整、带动农民增收都具有重要意义。现在，我国的马铃薯淀粉产能为200多万吨，实际生产为60万吨左右，因此，未来马铃薯淀粉拥有很大的市场空间。同时，会议要求，未来马铃薯淀粉加工产业要发挥规模优势，创新驱动发展。

会议对《排污许可证与核发规范农副食品加工业—淀粉工业》及《淀粉工业污染物排放标准》修订情况进行了说明。同时，各产区企业对国家环保政策及排污许可情况的具体执行进行了交流。

2017年协会重点开展了以下工作：一是组织各类会议、学术交流及培训活动；二是组织了马铃薯淀粉反补贴反倾销期终复审案；三是向国家环保部争取了对马铃薯淀粉加工产业环保的政策支持；四是积极开展了产业调研及预警活动；五是组织会员参加了各类马铃薯及淀粉行业会议；六是参加了全国食用淀粉及淀粉衍生物标准化会议；七是对会员单位开展了咨询及技术改造活动。

2018年中国马铃薯淀粉产业峰会暨中淀协马铃薯淀粉专委会三届四次理事会

会议表示，2018年协会有五个方面的重点工作：一是继续配合商务部、农业农村部把“双反”工作进行下去，因为这将关系到行业生存发展的重大问题；二是重点做好环保标准的编制工作，给行业在环保建设方面提供指导；三是加强行业交流，提高工艺技术、装备水平、企业管理以及原料基地建设，从而推进产业技术升级，提高产业的竞争力和抗风险能力；四是组织行业打假，打击造假、仿冒行为，为行业创造良好的发展空间；五是加强行业自律，规范行业健康、稳步发展。

14．2019年8月19日，“2019年度马铃薯淀粉产业论坛会会员大会”在安徽合肥举办。

本次大会充分交流、研讨了国内外行业发展态势和问题，同时推广了一些经过行业应用验证，具有先进利用价值的新技术、新工艺、新装备，来提升企业生产技术水平和产品质量；在食品安全法律法规、科学使用国家减税降费政策等方面进行辅导学习。

2019年度马铃薯淀粉专委会会员代表大会

会议指出，目前全球马铃薯加工中，北美和欧盟是马铃薯加工业的领导者，马铃薯加工转化率为60％～70％，而我国的马铃薯加工转化率只有12％。就淀粉加工产量而言，2018年我国马铃薯淀粉及“三粉”总产量为100多万吨，其中马铃薯淀粉加工量为60万吨，与欧盟的差距还很大。因此，在本次会上做深入的探讨交流、自我剖析，让我们对产业发展的优势和不足有更清晰的认知，对国内、国际两个市场有更精准的把握。

会上，中国轻工业清洁生产中心主任孙晓峰围绕淀粉行业环保政策标准作了报告。报告从国家环保法律法规和淀粉行业环保标准两个层面对马铃薯淀粉企业普遍关心的环境保护法、排放标准、排污许可等内容进行了解读。此外，孙晓峰主任就目前淀粉行业绿色工厂评价现状，马铃薯淀粉企业存在的主要环境问题以及企业绿色发展存在的主要问题进行了分析。

最后，中国淀粉工业协会秘书长魏旭明宣布《饲料原料　马铃薯蛋白粉》（T/SIACN 03—2019）、《马铃薯淀粉汁水蛋白提取操作技术规范》（T/SIACN

04—2019）两项团体标准自2019年8月19日起发布并实施。两项团体标准由中国淀粉工业协会和中国轻工业清洁生产中心联合编制完成，该标准对行业下一步的环境污染治理和产业健康发展具有重要的指导意义。

15．2020年12月28日，“2020年度中国马铃薯淀粉专业委员会会长办公会暨中国马铃薯淀粉产业高端论坛会”在海南三亚举办。

会议指出，马铃薯淀粉作为食品工业的重要原辅料，在国内食品行业稳步发展的情况下，马铃薯淀粉有刚性需求，年需求量将继续维持在80万吨左右，产品需求比例进一步优化。国内马铃薯淀粉刚性需求市场正在不断增长。

未来，淀粉企业需实现五个转变：一是管理模式的转变，由单一企业管理模式向集团化、系统最优的管理模式转变；二是生产方式转变，从机械生产模式向利用生物技术生产模式转变；三是生产效率转变，由劳动密集型生产线向基于大数据的智能工厂转变；四是生产理念转变，由生产大宗商品为主向以研发创新驱动的特种产品转变；五是品牌意识的转变，从重视订单数量向产品口碑转变。

会议指出，随着国民经济的快速发展，淀粉的用途已渗透到国民经济的各行各业，在人们的日常生活中无处不在。淀粉及综合利用产品广泛应用于食品、饲料、发酵、医药、造纸、日化、冶金及石油等工业中，食品工业及饲料工业中占主导地位，并有向更多行业发展的趋势。

对明年的发展，会议要求：首先，马铃薯淀粉深加工企业做好与种植主体更为紧密的利益连接机制。各地的加工企业逐步形成“公司+合作社、种植大户、家庭农场+基地”的有效的利益连接机制。走出一条“公司+合作社+基地+农户”的原料基地建设产业模式，带动农民增收致富，分享增值服务，推进产业链由中低端向高端迈进；其次，要求并鼓励企业在新产品、新技术、新材料、新装备等方面研发投入，尤其是在绿色制造和智能制造等薄弱环节，希望加工企业不断增强自身的技术创新能力，提高产品科技含量，降低产品能耗，减少污染物排放，实现行业绿色可持续发展，促进其技术改造带动全行业的转型升级。

会议对2020年协会的工作做了总结汇报。

第一，参与了各类会议组织、学术交流、专业会议活动。如：2020年10月25日，参加了第二届全国食用淀粉及淀粉衍生物标准化技术委员会（TC552）2020年标准审定会。

第二，协助商务部贸易救济调查局深入了解国内马铃薯淀粉加工企业及整个行业对贫困农民的帮扶情况。

第三，参加相关标准的制定和修订工作。如：9月24日，协会秘书长高瑞参加了中国淀粉工业协会《淀粉工业污染防治可行技术》团体标准开题论证会等。

第四，参与国家多项淀粉标准的修订工作。如：参与《淀粉分类》报批稿征求意见后的修改；《淀粉粘度测定》的规范性和标准化制修订；《淀粉术语》科学规范淀粉（包括衍生物和副产物）相关术语的修订；参与《淀粉及淀粉衍生物硫酸化灰分》相关安全指标修订工作；对《绿色产品淀粉评价》需求表进行了投票。

第五，积极开展产业调研及预警活动，了解产业发展的实际情况，为会员单位提供产业相关的产业预警活动。

第六，组织参加各类马铃薯及淀粉行业会议。如：2020年9月组织行业内四家马铃薯淀粉加工企业申报了绿色工厂。

第七，对会员单位积极开展咨询服务。如：2020年11月17日，参加河北昌黎县万博淀粉有限公司开业庆典并参加薯类淀粉加工环保技术论坛，高瑞秘书长作了《薯类淀粉废水处理现状及采取的措施》的报告。

大会还邀请了环保专家就马铃薯淀粉工业环境保护的热点、难点问题做了详细讲解。山洪集团董事长刘山红就“马铃薯淀粉规模化生产线及新工艺、新设备在蛋白提取、降能降耗的应用”做了演讲，同时，他还就生产设备对降低物耗、能耗，减少废水排放，提高产品品质做了深度解读。

此外，大会对西北、华北、东北、西南各马铃薯淀粉主产区的原料情况、2020年的产量及国内外市场形势进行了深度探讨、交流、分析，参会代表积极发言，建言献策，为2021年的产业发展提出了奋斗目标。

10

重点企业篇

——优秀企业是行业的领航者

总有一些企业，若大海上的领航者，迎风斩浪，引领产业奔向光明的灯塔；也总有一些企业，若雁阵的领飞者，栉风沐雨，带着一个产业向更高更远的方向前行。

这些企业，是一个行业的“愚公”，他们无畏艰难险阻，披荆斩棘，孜孜以求，铿锵前行；这些企业也是一个行业的“导师”，他们培养人才，钻研技术，布道天下，让一个产业拥有了健康、持久发展的动力和精神传承。

商海拾贝，珍者尤珍。

以下企业是目前马铃薯淀粉行业的佼佼者，有马铃薯淀粉产业发展30年来的见证者、参与者、引领者，也有后起之秀。他们正以其先进的工艺技术、高品质的产品引领和助推产业向更加美好的明天奋进。

（排名不分先后）

内蒙古华欧淀粉工业股份有限公司建于1992年，是中华人民共和国成立后国内最早建成的大型现代化马铃薯深加工企业，也是内蒙古自治区第一批农牧业产业化重点龙头企业、扶贫龙头企业、国家高新技术企业。公司总资产12000万元，年可生产加工马铃薯鲜薯13万～15万吨，生产、销售高品质、高纯度马铃薯淀粉2万吨。公司全套引进世界领先的瑞典拉尔森公司全旋流、全自控、全密闭生产设备，专业生产高品质马铃薯淀粉。近30年稳居行业领先地位。

作为中国现代农业马铃薯加工产业的实践者，近三十多年来，华欧公司形成了以“马铃薯淀粉生产为核心，全产业运营”的发展模式，目前已形成“种薯繁育—马铃薯种植—淀粉加工”完整的产业链条，建成马铃薯良种繁育中心（包括组培、温室、网室）年可繁育马铃薯微型薯500万粒，同时建成马铃薯现代农业试验示范基地近3万亩。

“华欧牌”高品质马铃薯淀粉产品优于欧洲产品质量标准，以优异的白度、黏度、糊化温度、透明度、膨化度、低蛋白、低酸性及良好的成膜性、抗凝沉性等理化指标，成为各类淀粉中的上等佳品，可广泛应用于食品、制药、化工等领域。

经过近三十年的不断发展壮大，华欧公司在国内逐步建立了覆盖广泛的产品销售体系，同时公司积极开拓国际市场，产品远销亚洲、澳洲、非洲、美洲等多个地区，在行业内享有盛誉。

北大荒马铃薯集团有限公司隶属于北大荒集团，是国内最大的马铃薯产业集团和国家级重点农业产业化龙头企业。“北大荒”牌马铃薯精淀粉的国内市场份额居全国同行业首位。

北大荒马铃薯产业2005年始创于克山农场，2008年组建了北大荒马铃薯集团。经过十多年的高速发展，在黑龙江省西北部建立了马铃薯产业集群。集团在北安、九三、齐齐哈尔管理局16个农场拥有100万亩核心原料基地；拥有一家企业自办的科技研发机构，设有现代化中心实验室和中试工厂，获得多项发明专利及实用新型专利；拥有一家种薯研发中心，主要为马铃薯种植基地提供脱毒种薯。在国内首创了种薯繁育、原料基地、马铃薯和木薯系列产品加工，以及以种薯、淀粉食品为重点的科技研发机构为一体的新型产业化发展模式。

现已通过ISO9001质量管理体系认证、ISO22000食品安全管理体系认证、绿色食品认证。是《食用马铃薯淀粉》国家标准的主要修订单位之一和《马铃薯雪花全粉》国家标准的主要起草单位之一。2006年被选为中国淀粉工业协会马铃薯淀粉专业委员会副会长单位，2008年被农业部等八部委授予“国家级重点农业产业化龙头企业”，2009年被评为信用评价AAA级企业，2010年被国家农业部授予“全国农产品加工业示范企业”殊荣，2011年被黑龙江省知识产权局、省财政厅评定为黑龙江专利优势试点企业。

薯业集团下辖16家子分公司，年加工马铃薯70万吨、木薯40万吨，年产马铃薯淀粉9万吨、马铃薯雪花全粉0.6万吨、木薯淀粉10万吨。经营品种包括：种薯、商品薯、马铃薯淀粉、木薯淀粉、雪花全粉、薯片、酸辣粉、麻辣粉、土豆泥、营养粥、各种淀粉及衍生物等。与多家知名企业是战略合作伙伴和长期稳定客户关系。

集团依托黑龙江农垦得天独厚的100万亩农地长期承包的优质资源，引进大型农作物种、管、收、植保机械，实现了大面积飞机航化作业，为基地种植户提供全程全方位服务，逐步建立绿色农产品全程可追溯系统，借助互联网平台实现订单农业，打造具有国际影响力的“农业+金融+互联网”的新型农业经营体，为国人提供安全、放心、绿色的有机农产品。

青海威思顿薯业集团有限责任公司的马铃薯产业始于2002年，在原青海威思顿生物工程公司基础上发展起来。2013年，三江集团公司根据省内马铃薯产业发展现状，将原三江薯业公司、威思顿粉业公司和青海威思顿生物工程公司整合成立了青海威思顿薯业集团有限责任公司，现有青海威思顿薯业集团有限责任公司互助分公司、青海民和精淀粉有限责任公司和都兰威思顿生物工程有限责任公司三家马铃薯加工分（子）公司。

威思顿薯业集团连续多年被评定为农牧业产业化省级重点龙头企业；连年被省科技厅誉为青海省科技型企业；2014年被中国淀粉工业协会马铃薯专业委员会认定为中国马铃薯产业发展优势企业；是青海省马铃薯工程技术研究中心和国家地方联合工程实验室，承担国家重点研发计划课题（薯类全粉加工关键技术及装备研发与集成示范、薯类主食化加工关键新技术装备研发及示范）；参与国家标准《马铃薯淀粉》(GB/T 8884—2007)的修订;《马铃薯蛋白》标准起草单位之一;被国家农业部认定为国家薯类加工技术研发分中心和全国农产品加工业示范基地。已通过ISO9001质量管理体系认证和HACCP体系认证。

威思顿薯业集团依托青藏高原独特的马铃薯资源优势,生产的“威思顿”牌马铃薯淀粉拥有黏度高、白度好、糊化温度低等高品质特性,在国内外赢得了较高的声誉和品牌影响力,近年来在国内始终保持在马铃薯淀粉一线品牌序列,2012年获得“青海省著名商标”称号。

威思顿薯业集团目前拥有荷兰豪威全自动马铃薯精淀粉生产线和国产优质马铃薯精淀粉生产线、变性淀粉生产线等若干条生产线。为响应国家马铃薯主食化战略,在国内率先完成第一条中式马铃薯生全粉示范生产线。年生产马铃薯精淀粉2万吨、马铃薯全粉0.5万吨、变性淀粉1万吨、粉丝系列产品1500吨。

威思顿薯业集团充分发挥龙头企业的带动作用,本着“做大、做强、做精”马铃薯产业链的目标,积极推动青海省及周边省区农牧业产业结构调整,带动了浅脑山地区的农民脱贫致富,对青海省农业区种植结构调整、种薯改良、农业技术的推广和农民增收起到了拉动作用。在提倡“威思顿是农民自己的公司”的基础上,形成了“企业+农户+合作社+市场”的马铃薯产业化联合体,逐步走向良性运行机制。

甘肃蓝天马铃薯产业发展有限公司是全国马铃薯产业知名品牌创建示范区骨干企业,是集马铃薯种植、加工、购销、服务为一体的国家级农业产业化重点龙头企业,先后被评为全国“万企帮万村”先进民营企业、农业产业化国家级重点龙头企业、中国马铃薯淀粉行业龙头企业,获得全国脱贫奖创新奖,被甘肃省政府评为“甘肃省农业产业化重点龙头企业”、全省推动非公有制经济跨越发展先进集体,被甘肃省工信委评为“甘肃省诚信企业”、甘肃省“专精特新”中小企业,被甘肃省工商行政管理局评为“守合同重信用企业”,被定西市委市政府评为“十大优秀扶贫企业”。公司通过了ISO9001:2008质量管管理体系认证、

ISO22000：2005食品安全管理体系、HACCP体系认证，2013年取得中国绿色食品认证，2015年获得甘肃省科学技术进步奖及甘肃名牌产品认证，注册商标“福景堂”为甘肃省著名商标。

公司响应政府脱贫攻坚号召，认真履行社会责任，坚持以农为本、创新发展、合作共赢的发展理念，积极参与“万企帮万村”精准扶贫行动，将党建推扶贫与公司创新发展结合起来，积极推进产业扶贫,以共创共建美丽乡村为愿景，立足当地资源优势，按照产业升级，产品多元化的总体思路，充分发挥企业的龙头优势，通过建联合社、修贮藏库、创蓝天贷、推订单化，探索建立了助力脱贫攻坚的“蓝天模式”；同时，公司围绕马铃薯全产业链建设，不断发展升级“蓝天模式”，以“核心企业+上下游产业+金融+物流”为循环，联结上下游企业、合作社、农户（贫困户）、银行、物流、农贸市场等，构筑了全新的蓝天生态圈，解决了产业发展问题、供应链融资问题、产品销路问题，实现从“输血”到“造血”“固血”的服务转变，实现生态圈各方协同共享、合作共赢的高质量、可持续的发展。

“打造全国马淀航母，打造全国一流品质”是公司不懈的追求，近年来，公司发展取得优异成绩，产品产量和品质跨越式提升，进一步确立了品牌形象,树立了市场信心，在业界赢得了良好的口碑和赞誉。2020年，公司提高马铃薯淀粉生产加工能力，使产量突破10万吨，吸纳周边（甘肃、宁夏、青海等地）马铃薯淀粉5万吨，建成马铃薯淀粉集散中心，使淀粉总产量突破15万吨，下游对接康师傅、双汇、好丽友、洽洽等国内138家食品领军企业，达成长期稳定的合作关系，销售收入突破15亿元。同时，公司在上海设立集团总部，在甘肃、河北、内蒙古、新疆、青海、宁夏等地建立6个生产基地及OEM代加工工厂，在甘肃定西、安徽蚌埠、山东青岛、广东广州建立4个仓储物流中心。预计到2022年，实现销售收入突破20亿元，推动马铃薯淀粉行业转型升级，成为马铃薯淀粉行业内的佼佼者，引领全国马铃薯产业发展方向。

庄浪县宏达淀粉加工有限公司位于陇中马铃薯产区和“庄薯”系列品种发源地，公司成立于2007年，总资产达到2亿元。已通过了“质量管理体系”“食品管理体系”“环境管理体系”“HACCP管理体系”认证，是甘肃省农业产业化重点龙头企业和平凉市规模最大的专业从事马铃薯深加工和销售的民营企业。

先后被评为AA+信用企业和“甘肃省守合同重信用企业”，获得中国绿色食品发展中心颁布的“马铃薯粉条和马铃薯淀粉A级产品质量认证书”，被农业部认定为全国主食加工业示范企业，被甘肃省委统战部、甘肃省工商联合会、甘肃省扶贫办公室、中国农业发展银行甘肃省分行命名为甘肃省“千企帮千村”精准扶贫行动示范单位。

“茂源”牌水晶粉条系列产品以“庄薯3号”为原料加工生产，2012年在全国农产品加工投资贸易洽谈会上被评为“金奖”。“茂源”牌获评“甘肃省著名商标”“甘肃省名牌产品”。2015年获得甘肃省首届陇原农宝—平凉十宝和农业产业化十大领军人物产业惠农奖。在第十五届、第十六届、第十八届、第十九届全国绿色食品博览会上荣获“金奖”。2017年8月，通过宏达淀粉公司的努力将“庄浪粉条”成功注册为地理标志商标。2019年，公司被中国市场管理学会评为“全国文明诚信经营示范商户”。2019年，庄浪县宏达淀粉加工有限公司作为第一批精准扶贫企业入围由财政部、国务院扶贫办 、供销总社供应商名单，面向全国各级财政预算单位销售马铃薯粉条、淀粉等扶贫产品。2020年公司注册的“茂源”牌马铃薯淀粉入选“甘味”企业商标品牌。

公司依据庄浪县马铃薯产业发展具备的基础优势，结合庄浪县马铃薯产业发展现状，计划在“十四五”期间马铃薯产业高质量发展战略定位为：实施以企业为主体的“引繁育结合、产加销推动、全链条开发、规模化发展、产业化经营”格局，实现“原料基地标准化、产品加工规模化、生产经营体系化”，完成马铃薯全产业链上全部参与者的共同持续致富的目标。一是联合包括广大贫困户的马铃薯种植专业合作社，通过前期种植投入垫资和商品薯托底保价，在保障农户种下去和有收益的基础上，实现公司主产品马铃薯淀粉生产的原料保障，预计

10万亩基地可以涵盖1万户以上，3万多人每年通过马铃薯种植收益1000元以上，实现庄浪县马铃薯产业从业者共同致富的全产业链体系；二是延长产业链，通过对现有粉条、粉皮生产线扩能升级改造，扩大就业，提高产量质量。同时，对马铃薯淀粉生产过程进行废弃物资源化综合利用项目建设，完成马铃薯渣饲料或者有机肥生产线建设，实现马铃薯“全进全出”的全体系化生产。

承德泓辉双合淀粉有限公司是一家集马铃薯种植储存、精深加工、科研开发于一体的现代化民营企业，公司总占地面积120亩，总资产2亿元。建有标准化生产车间、成品库房、包装车间、废水处理厂和职工生活办公区总面积达24000余平方米及储藏能力2万吨的保鲜库一座。有国内先进水平的全旋流精制马铃薯淀粉生产线两条、全自动水晶粉丝生产线一条、全自动水晶粉皮生产线一条。具备年生产精制马铃薯淀粉80000吨，水晶粉丝、粉皮5000吨的生产能力。

公司被河北省政府评为省级“农业产业化重点龙头企业”“河北省优秀私营企业”“河北省扶贫重点龙头企业”。泓辉商标被评为“河北省著名商标”，泓辉产品被评为“河北省优质产品”“河北省名牌产品”“河北省名片产品”。公司已获得HACCP管理体系认证。公司是中国淀粉工业协会理事单位、中国淀粉工业协会马铃薯淀粉专业委员会常务理事单位。

公司在保持企业稳步发展的同时，非常重视环境污染治理工作。2018—2019年用了两年时间又投资4300多万元对环保设备、设施、厂房进行了全面升级改造。截止到目前，环保累计投入资金达到6300多万元，约占企业总投资的三分之一，现在日处理达标水1000吨以上，在国内同行业中成为领跑者。

泓辉公司始终秉承“以质量求生存、以信誉求发展，产品等于人品、信誉就是效益”的经营理念，着力打造种植、加工两大基地。公司采取“公司+基地+贫困户+标准化+品牌”的产业化的经营模式，发展有机马铃薯种植基地2000多亩，辐射发展基地10万余亩，彻底解决农民中、小、残土豆销售难的问题，实实在在成为当地农民脱贫致富的支柱产业。

公司生产的马铃薯淀粉及淀粉制品，以其先进的生产设备、精湛的生产工艺、卓越的产品品质，迅速打开市场，产品市场占有率高，竞争能力强，在同行业享有较高的声誉，受到了广大消费者的青睐。目前产品销往全国20多个省市，并走进东南亚市场。

泓辉公司要借助国家一系列支持产业发展的好政策，乘风破浪，以健康、安全、天然、绿色、有机、零添加为己任，同时带领当地百姓脱贫致富，真正把小土豆做成大产业。

新疆天山雪马铃薯开发有限公司是硕邦集团位于西北的重要生产基地，公司目前拥有全自动化控制马铃薯精淀粉生产线两条，年可加工马铃薯10万吨，所产淀粉品质量可比肩欧洲顶级淀粉。

公司依托新疆生产建设兵团75团天然资源优势，深耕兵团，做强做精马铃薯产业。公司引进了美国、德国的播种及收获机械，其与团场联合构建的马铃薯全程机械化种植基地为国内机械化水平最高、种植模式最先进的生产基地之一。未来，公司与兵团合作要将75团打造成世界级高品质马铃薯淀粉产地。

天山雪公司从成立之初就形成了“公司+团场+（农场主、种植合作社）+基地”的天山雪模式。2018年，通过与农户订单种植、签订购销合同、代耕代收、土地流转等形式在75团场建立高淀粉加工薯基地2万亩，保障了天山雪公司原料供应的同时，大幅度增加了种植户的直接收益。

2019年，天山雪公司进行了集团化企业改造，将现有的种植户改造成为以种植大户为核心的农场主合作社模式，将公司所配套的农业机械和种植户的农业机械进行合理整合，并组建农机合作社和农机服务公司。重组之后的农机资产将达3000万元以上，将更好地服务马铃薯基地及周边农业作业，并在75团建设集农业工作区、农业文化博览、农机展示区、农机检修区、农机清洗区等多种功能的现代化农场，达到观光农业的标准，把农业一二三产业高度融合，将75团的现代化大农业模式有效展示和推广。

公司还将成立农民专业合作社联合社，将加工厂、种植合作社、农机合作社及银行金融系统、保险公司有效地融合，利用订单农业的基础，将企业联合社获得的银行授信作为农业生产的支持和保障，实现了政府、核心企业（联合社）、银行、合作社、农户、保险等多方面的有力联结，体现共建共享，实现对脱贫攻坚工程的精准聚焦。

公司还将进行加工厂智能化改造，洁净厂区，引入国内首条马铃薯淀粉哈沃纸袋包装设备；在环保方面，将马铃薯汁水及薯渣资源化利用，构建液态肥中央罐区及灌溉区，与节水滴灌和进口液态肥喷洒车相结合，打造节约型、环保型、循环型75团特色农业种植区。

宁夏华尔晶淀粉有限公司创建于2000年，是一家生产加工马铃薯淀粉的民营企业。

公司2003年被固原市原州区科技局唯一授予“固原市原州区农业产业化服务体系淀粉服务点”，2008年获得ISO9001国际质量认证体系，2015年、2017年、2019年连续三届被宁夏回族自治区人民政府评为“自治区级农业产业化重点龙头企业”，2015年被认定为“民族贸易企业”，2017年被评为“自治区中小50强企业”“自治区专精特新中小企业”“宁夏企业优秀自主品牌”，2018年被评为“自治区级扶贫龙头企业”，2020年被固原市原州区工会评为“工人先锋号”。在信用联社连续两年的信用等级为AAA级，征信报告上公司和法人均未出现不良记录。

公司为自然人独资一人持股公司。自公司成立以来，从最初的小作坊一步步迈入固原地区本行业的舞台中央，成为行业领军带头企业。在多年的经营下，公司以“诚信、专业、创新”为宗旨，不断和全国各食品加工及销售公司深化市场合作领域，让“华尔晶”品牌在全国市场占有一席之地。

2017年，公司斥资6000余万元进行设备更换、厂房扩建、办公楼及员工宿舍改造，让先进的设备及优化式办公为生产提供保障，这也使得公司一举跃升为当地最大淀粉企业。“华尔晶”品牌也享誉全国。

从2017年开始，通过三年的努力，现已经建成马铃薯汁、废水蛋白提取自动化生产线，成为突破此项技术的标杆企业，真正实现了**“零”**排放的要求，主动为打好蓝天保卫战奉献力量。公司不仅注重环保，更在生产设备选择上严格把关，2017年公司组织人员多地考察，学习借鉴国内淀粉先进加工水平工艺，并决然采用欧洲工艺，购买安徽泰德康科技公司最先进的生产加工设备，扩建生产线，优化加工，使得年吞吐20万吨马铃薯、年设计产能4万吨淀粉成为可能。目前公司采用最新的工艺，严格按照国家标准GB/T 8884—2017执行，生产的马铃薯淀粉达到淀粉优级水平。

公司采用“农户+公司+基地”的经营模式，与农户建立了紧密的利益联结关系，截至2019年，公司以当地陆堡村、黄湾村为帮结扶持对象，发展马铃薯农业产业化基地，租赁土地达千余亩，全部用于种薯繁育，和农户签订《土地承包经营权出租合同》，并签订了《土地承包帮困扶贫分红协议》，其租赁金和分红金共计800元/亩，远高于市场价。辐射带动当地8000多农户从事马铃薯种植，其产业不仅辐射带动宁夏境内近30多个乡镇种植马铃薯，更扩展至宁夏周边的甘肃、青海省及陕北等其他地区。

固原利华淀粉有限公司创建于2001年5月，信用等级AAA级，现有马铃薯精淀粉自动化全旋流生产线两条，年生产能力3万吨，生产工艺居国内先进水平。公司主要经营范围为马铃薯淀粉生产、销售。

公司2006年通过了质量管理体系认证、食品安全管理体系认证和QS许可认证；2007年、2009年公司分别被固原市人民政府、宁夏回族自治区人民政府评为农业产业化龙头企业；2011年5月被宁夏回族自治区人民政府评为第六批自治区农业产业化重点龙头企业；2011年10月被固原市人民政府确定为八家马铃薯淀粉加工重点扶持龙头企业之一；2012年被确定为自治区千家培育和固原市百家成长企业；2013年被原州区确定为重点非公有制企业；2013—2015年连续三年被自治区评为宁夏中小企业50强，并荣获两届自治区优秀企业“十佳金牛奖”；2013年10月“红星张”牌马铃薯精淀粉荣获自治区“名牌产品”称号；2014年公司被自治区人民政府评为第七批自治区农业产业化重点龙头企业；2014年9月荣获宁夏中小企业“文化建设”先进单位；2015年2月被自治区企业协会授予“宁夏最具影响力行业品牌企业”；2015年10月被原州区委、区政府评为原州区非公经济发展优秀企业；2015年12月被固原市市场监督管理局评为2013—2014年度“守合同重信用”企业；2016年4月“红星张”牌马铃薯淀粉被自治区经济和信息化委员会评为宁夏工业名优产品；2016年11月“红星张”商标被自治区认定第十届宁夏著名商标；2016年公司被自治区授予质量百强企业；2017年1月公司被自治区人民政府评为第八批自治区农业产业化重点龙头企业。2017年8月被固原市市场监督管理局评为2015—2016年度“守合同重信用”企业；2017年9月被自治区工商管理局评为“守合同重信用”企业。2018年11月再次被自治区民委、财政厅认定为民族贸易县内民族贸易企业。2019年4月又被自治区农业农村厅评为农业产业化自治区重点龙头企业。

近年来，公司先后与600余户农户签订了马铃薯保护价收购合同，发展订单基地12000亩，辐射周边6个乡镇、28个行政村，带动1800余户农户从事马铃薯种植，带动面积15000余亩，促进了当地剩余劳动力就业，每年直接为当地农民创收2000余万元，为农业增效、农户增收、构建和谐社会做出了贡献，推动了马铃薯产业健康持续发展，发挥了农业产业化重点龙头企业的辐射带动作用，促进了地方经济持续发展。

固原利华淀粉有限公司始终坚持“凭质量参与市场竞争，靠创新谋求不断发展，以诚信取得信赖”的经营理念，通过多年的发展，公司创造了良好的经济效益和社会效益，逐步走上了良性发展的轨道，为当地农业增效、农户增收、缓解就业压力、构建和谐社会做出了贡献，推动了马铃薯产业健康持续发展，真正发挥了农业产业化龙头企业的辐射带动作用。

内蒙古蒙森农业科技股份有限公司成立于2003年10月，是专业从事脱毒马铃薯种薯研发与繁育、基地种植、马铃薯淀粉及粉丝粉条深加工、商品薯仓储与物流、生物有机肥及饲料研发、进出口贸易于一体的农业科技企业。是内蒙古自治区农牧业产业化重点龙头企业、内蒙古自治区扶贫产业化龙头企业、国家高新技术企业。2012年“蒙森”商标被评为内蒙古著名商标，2015年“蒙森”淀粉被评为自治区名牌产品，2018年“蒙森”马铃薯、淀粉、粉丝粉条通过绿色食品认证，2019年“蒙森”马铃薯研究开发中心被认定为内蒙古自治区企业研究开发中心。

公司拥有自营进出口经营权，在国家“一带一路”倡议的引领下，蒙森产品已出口至韩国、泰国、菲律宾、俄罗斯、墨西哥、巴基斯坦、乌兹别克斯坦等14个国家，产销量在马铃薯淀粉行业位居前列。

公司目前的主营业务有：马铃薯种薯研发与繁育、马铃薯淀粉及粉丝粉条等系列产品深加工、生物有机肥和动物饲料研发四部分。

1．马铃薯种薯研发繁育

公司自2013年开始投资建设脱毒马铃薯种薯研发繁育中心，2015年正式投产，目前已达到年产500万株脱毒薯苗、1500万粒原原种、5000吨脱毒原种的生产能力。2016年开始通过土地流转的方式把农村撂荒和零散种植的土地集中起来，统一治理、水电配套，形成规模化种植，在七家村和娘娘庙村建成标准化马铃薯种薯繁育基地2000亩，在此基础上逐渐推广到其他村，计划到2025年达到6000亩，基本覆盖全乡50％以上的自然村，除满足赤峰本地用种需求外，还可向周边县市和辽宁、河北等地供种，从而结束赤峰地区脱毒马铃薯种薯全靠外进的历史。

公司自2010年开始采取“公司+基地+合作社+农户”的运营管理模式，充分利用当地的资源优势，与农户签订马铃薯种植合作协议：为农户提供优质的、最优惠的马铃薯种薯；为农户提供科学的产前、产中、产后技术服务；约定最低保护价。同时赊销给农户种薯、化肥、农膜等物资，如遇市场低迷，则按合同约定的最低保护价收购，农户几乎零投入、零风险种地，与公司结成了利益共同体，大大提高了马铃薯种植的积极性，使马铃薯产业成为本地的支柱产业。

2．马铃薯淀粉及粉丝粉条系列产品深加工

公司自2003年开始建厂生产马铃薯淀粉，随着国家推出马铃薯主粮化战略，近几年马铃薯种植业迅猛发展，原有的马铃薯淀粉生产线已经远远不能满足生产需要，因此，2017年公司对现有的生产线进行技术改造升级，由原来的每小时加工20吨原料升级为40吨，效率提升了1倍多。同时新建日产10吨马铃薯粉条粉丝生产线一条，目前已经投产运营，通过改造提升，蒙森系列产品的市场竞争力明显增强，这样可以发展更多的农户种植马铃薯，为农村调整产业结构，劳动力就业提供了更大的空间。

3．生物有机肥研发

马铃薯淀粉生产的过程中会产生大量的高浓度有机废水、废渣和污泥，多年来环境污染治理成为制约马铃薯淀粉加工行业发展的难题。现在，蒙森薯业公司与天津大学、天津科技大学、赤峰学院和中国农资集团等单位强强联合，以马铃薯淀粉生产过程中产生的废水、废渣和污泥为原料，研发实现混合菌种的高活性、高密度发酵，采用选育得到的混合菌种，分别开展基于有氧发酵、无氧发酵相结合的集成处理技术制备颗粒均匀、便于吸收的复合微生物肥料，变废为宝，还田于农业，改善土壤环境。经过三年多的实践，在大庙镇、王府镇和安庆镇的蔬菜大棚区和大田进行复合微生物肥料的田间试验，取得了良好的成效，深受广大种植户的欢迎，目前正在全面推广。

4．动物饲料研发

马铃薯淀粉加工产生的废渣含有丰富的营养物质，2020年公司与中国农业科学院合作，通过科学配方，在马铃薯渣原有营养成分的基础上，按照比例加入其他营养成分，共同研发不同动物在不同生长期的专用饲料，把薯渣转化成马铃薯淀粉加工的第二产品，增加原料的附加值，现在正在推广试验。

下一步，在“十四五”规划指导下，围绕乡村振兴战略，公司计划将深加工生产线搬迁至松山工业园区，新建蒙东地区最大的集马铃薯种薯研发繁育、马铃薯淀粉全粉及主食化产品生产、生物有机肥和饲料研发为一体的马铃薯全产业链集团公司，以“行薯道、民为本、利天下”为使命，践行“面向农业、投资农村、造福农民”的社会责任，充分发挥龙头企业的带动作用，竭尽全力做好马铃薯产业，为实现乡村振兴做出最大贡献！

定边县源泽农业科技开发有限公司（三边裕丰淀粉厂）于2005年5月动工修建，同年10月投入生产，年处理马铃薯15万吨，生产马铃薯淀粉2万吨。

三边裕丰马铃薯淀粉采用陕北定边无公害、无污染的优质马铃薯为原料，利用净化水加工精制而成，所生产的淀粉黏度高，色泽洁白，具有结晶光泽、无异味、无砂齿、无外来物。产品广泛应用于食品、医药、纺织、造纸等行业，远销北京、上海、河北、山东、山西、宁夏、内蒙古等地，以白度高、灰分少、黏性好等优点而深受全国各地用户青睐。

企业秉持“为顾客创造价值；为员工创造机会；为人民制造绿色健康的食用淀粉”的宗旨，按照产业化模式运行，以原料（马铃薯）种植和马铃薯淀粉生产加工为一体的经营方式，使工厂的供应、生产、销售真正实现一体化。公司以“生产绿色、健康、一流的马铃薯淀粉”为己任，获得了“榆林市农业产业化重点龙头企业”“定边县优秀企业”等荣誉。在发展自身的同时，企业响应国家西部大开发的号召，促使当地农民进一步推进农业产业化，优化产业结构，增强农业发展后劲，打造完整的产业链，与当地农民共发“洋”（芋）财，为增加当地农民收入等方面做出了巨大贡献。

三边裕隆淀粉厂位于陕西省榆林市定边县现代特色农业园区，成立于2018年2月，主要经营马铃薯收购及加工、淀粉及淀粉制品加工销售。

企业总占地90亩，总投资5210万元，年处理马铃薯150000吨，生产优质淀粉20000吨，年实现产值1.5亿~2亿元，将为定边马铃薯生产的发展起到极大的推动作用，为农民增收提供良好的商机。

企业采用先进的设备与生产工艺，以当地盛产的无公害、无污染优质马铃薯为原料，进行精深加工及综合利用，生产优质马铃薯淀粉及其深加工产品，加工过程中所产生的汁水（有机肥水）还可以还田，达到改良土壤的目的，使得马铃薯产业从品种的培育到终端产品的利用与销售形成一套完整的产业链，从而实现了马铃薯加工的工业化、规模化，为当地农民马铃薯销售和农业产业化发展等方面做出巨大贡献。

沽源县百顺源淀粉有限公司成立于2011年5月，是以马铃薯淀粉加工为主营业务的股份制企业。

公司本着生态优先、社会效益与经济效益并重原则，确定“以技术为核心、以质量求生存、以信誉求发展，人品等于产品、信誉就是效益”的发展理念。现引进了具有国际领先水平的全旋流马铃薯淀粉生产线一条。2017年，新上40吨主体生产设备1套，配套建设污水处理站1座。并按照环境污染治理达标要求，新建污水应急池1座（5000立方米），2018年新上除土设备线三条，企业年加工马铃薯10万吨，年产马铃薯精淀粉1.5万吨。

2019年，百顺源公司贯彻省市县扶贫政策，采用了“公司+基地+农户+科技模式”的发展模式，大力推行“订单模式”，带动入股分红贫困户386户。真正形成了把公司的发展和农户的致富紧密地联系在一起，实现了企业、农民、市场和社会共赢的格局。

近年来，企业依靠科学的管理和先进的生产设备及技术，生产的“坝宇”牌马铃薯淀粉，以其优良、稳定的质量赢得广大用户的信赖，产品畅销多个省市。公司先后荣获“重质量讲信用公众满意单位”“立信单位”“张家口百强企业”“省级龙头企业”“消费者信得过单位”等荣誉称号。2018年5月，公司通过ISO9001：2015国家质量体系认证。

百顺源公司为县里重点发展的骨干项目企业之一，省级龙头企业之一，公司投资兴建的马铃薯淀粉深加工项目为全县农业结构完善调整带来多重积极影响，填补了全县淀粉深加工项目的空白，是一项影响广泛的多赢工程。同时企业能为广大农民彻底解决中、小、残土豆的销售问题而倍感欣慰，百顺源正以团结、高效、奋进、务实的企业精神开拓创新，诚实守信，与时俱进，以健康、天然、绿色、零添加为己任，借助国家一系列支持产业发展的好政策，乘风破浪，为沽源的经济发展贡献力量。

内蒙古欣邦农业科技有限公司成立于2016年，位于“中国薯都”马铃薯核心种植区——化德县。2018年、2020年分别引进两条全自控、全旋流、全密闭欧洲最新技术的豪威原装进口生产线，每小时可加工鲜薯80吨，春、秋两季可产优质淀粉2.5万～3万吨。

欣邦农业以生产高端优级品马铃薯淀粉为主业。2020年，经内蒙古自治区产品质量检验研究院检验，欣邦农业所产马铃薯淀粉白度为94.9％、水分为19％、黏度为1705BU，其理化指标达到了优级品等级，且各项指标均可媲美欧盟产品。

“与欧盟对话，与国际接轨”是欣邦农业的经营理念。建厂之初，欣邦农业即学习和借鉴欧盟马铃薯淀粉企业先进的管理技术、环境污染治理模式、农场运营理念及产品创新思维。现在，公司已与化德县、商都县等地的合作社、种植大户签订了10000亩的订单种植，并由欣邦农业统一采购晋薯16号、大白花、陇薯3号等高淀粉含量的优质种薯。

产品是核心，基地是基础，带动薯农致富是根本。为此，欣邦农业计划下一步将建成3万～5万亩的原料种植基地，一方面满足企业对优质原料加工的需求，另一方面通过马铃薯种植带动数千上万农户走上小康、富裕的生活道路。

内蒙古博思达科技有限公司成立于2000年，是一家专门从事马铃薯、木薯、红薯、小麦、豌豆淀粉及变性淀粉工程项目总包、成套设备制造、淀粉及变性淀粉加工新技术开发的科技型企业。

公司拥有独立的自营进出口权，在同行业中率先通过了ISO9001：2000质量体系认证及欧盟CE认证。多项产品荣获了国家专利局颁发的外观设计、实用新型及发明专利。博思达是中国淀粉工业协会理事单位，是马铃薯及甘薯淀粉专业委员会常务理事单位。

2008年荣获呼和浩特市和内蒙古自治区“科技进步三等奖”，2009年被呼和浩特市科技局认定为“企业研发中心”，并被内蒙古自治区科技厅认定为“民营科技企业”。2010年被内蒙古品牌协会评为“内蒙古著名品牌”，2011年又被中国淀粉工业协会评为AAA级信用企业。

近年来，博思达不断消化吸收国外同行先进的设备及工艺技术，独立设计、制造过每小时加工20～70吨鲜薯的不同规模30多条大中型成套淀粉生产线，积累了许多成功的技术和经验。公司推出的PC+PLC计算机集中控制系统已全面取代模拟屏技术，工艺设备及过程控制已完全取代进口设备，实现和欧洲技术同步发展。

目前，博思达已发展成为国内为数不多的能独立提供每小时加工20～70吨鲜薯、带PLC全自动控制系统的大型成套设备供应商，产品遍及国内并出口到波兰、俄罗斯、白俄罗斯、哈萨克斯坦、伊朗、加纳、越南、泰国、印度等多个国家，在马铃薯、木薯、红薯、小麦及豌豆淀粉及变性淀粉加工领域已经取得了良好的业绩。

山洪企业集团由6家子公司组成，集工程总包、工程咨询、设备供应、技术研发、客户服务为一体，主要产品为淀粉工程、淀粉糖工程、蛋白提取工艺设备、破碎设备、固液分离设备、粉体干燥设备、自动化控制系统、农业收获机械等。

北京山洪食品技术有限公司为各类淀粉制造企业提供工程咨询与设计、市场销售、进出口贸易，以及培训、服务等业务，负责山洪企业所有产品的市场推广与销售，负责食品技术及相关机械设备的进出口国际贸易。业务领域涵盖食品、农产品、化工、医药和自动控制系统集成。

湖北山洪食品机械有限公司是专业食品机械设备制造工厂，是山洪企业产品研发、生产制造基地。

湖北惠聚祥粮油生物工程有限公司为客户提供专业的粮油工程及淀粉糖工程咨询、项目设计、设备制作、工程安装及调试培训服务。

湖北惠兴商贸有限公司立足于两湖平原，以马铃薯淀粉、红薯淀粉、玉米淀粉、木薯淀粉、粉丝粉条、油脂、调味品、干果等绿色农产品的批发销售为主。

惠信国际（英国）有限公司是集团公司专门针对海外市场成立的国际贸易中心。

“为客户提供高品质的产品”是山洪企业自成立伊始就确定的追求目标，“更高品质、更高收率、更低能耗、更易操作”是山洪企业科技工程技术发展的一贯追求。借助欧洲合作伙伴丹麦丹普工程技术有限公司（DPP）技术平台，保证了山洪企业的技术水平与欧洲保持同步。在湖北荆州建立的研发中心和制造工厂，保证了先进技术能够结合客户项目的实际情况加以有效应用，提高客户项目产品的市场竞争力水平。公司已建立了一支经验丰富、作风顽强的技术服务和项目管理团队，能够为客户提供淀粉加工工程领域的全面解决方案。一流的项目策划、投资分析、工程咨询、生产管理、营销支持服务团队；一流的由工艺、机械、控制和品控工程师组成的技术团队；一流的项目现场管理、安装调试、员工培训和售后服务专业团队。

同中国环境科学研究院国家清洁生产中心在薯类淀粉加工工艺的全面合作，使公司系列薯类淀粉生产线的清洁生产水平已达到国际领先地位；同广西大学淀粉化工研究所的战略合作，使公司在全球木薯及下游产品的研发、技术装备水平处于行业领先。

骄人的工程业绩和经久的技术沉淀，成就了山洪企业以遥遥领先的核心技术，代表了中国淀粉机械行业的标杆和水准。

宁安市粮油淀粉机械制造有限公司致力于农业产业化，集工程总包、工程咨询、工艺设计、技术研发、客户服务为一体，主要产品有薯类淀粉设备、杂粮淀粉设备、蛋白提取设备、玉米生全粉加工设备、清洗设备、固液分离设备、粉体烘干设备、自动化控制系统等，同时以其他农作物淀粉深加工及转化为主导方向。从工艺设计到设备制造、安装调试一条龙，产品畅销东北、华北、西北和西南地区，并远及非洲。

公司一贯重视产品质量，推行全面质量管理，公司的质量方针是：质量为生命，超越顾客期望、科学管理强素质，持续改进求发展。2003年通过ISO9001：2000国际质量体系认证，2011年公司生产的镜泊湖牌淀粉生产设备被授予“黑龙江名牌产品”称号。

公司各种设备配套齐全。有强大的机械加工及铆焊加工能力，有先进的数控水刀、激光切割机、精密数控转子加工中心，并有大型的锻压设备，保证了制造的产品质量。

公司大力实施信息化建设，在2003年就全面进入计算机辅助设计时代；并且组建了局域网，拥有自己的网站，可与世界各地同行、设计单位合作设计并交换信息，为快速优质的完成客户的设计要求，打下坚实的基础。

公司大力开展知识产权的建设工作，积极开发新产品和新技术，并及时申请了国家专利，2020年6月通过知识产权管理体系认证，现已获得国家发明专利1项，实用新型专利55项。2015年8月被认定为“高新技术企业”，2016年被黑龙江省知识产权局授予“专利优势试点企业”称号，薯类蛋白提取线成套设备、大型湿法超细玉米生全粉成套设备生产线项目，均被认定为国内首台（套）项目，填补了国内空白。

公司技术力量雄厚，公司拥有一支以高级工程师为首的设计队伍，专业化的管理团队。同时与哈尔滨工业大学、黑龙江省轻工设计院等科研院所合作，为马铃薯淀粉生产线配套开发自动控制系统和工艺设计提供了强有力的科技支撑。公司在发展中不断壮大，壮大的过程中不断向欧洲同行业学习、看齐，并与国内知名厂商强强联手，组建联合舰队，开发国内外淀粉设备市场。

公司紧盯世界淀粉发展的前沿，紧跟世界的发展的步伐，抓住薯类淀粉发展良好机遇期，积极发展壮大自己，在淀粉主业的基础上，向淀粉加工前的原料仓储、淀粉的深加工和加工后的污水处理方向拓展，为农产品深加工行业做出应有的贡献。

安徽泰德康农业科技发展有限公司于2002年8月成立于北京，2011年迁至安徽省合肥市。其前身为北京瑞思康食品技术有限公司。泰德康公司现有员工126人。其中工程技术人员36人，产品研发人员12人，为集团以技术为核心的业务发展提供了可靠的保证。

泰德康科技集团经过十多年的发展，已经形成了以现代化技术为核心，涵盖工程技术、装备制造、项目融资、产品研发与国际贸易五大业务内容的综合性科技集团。公司业务领域包括植物提取、食品工程、粉体工程、环保能源与过程技术工程等。通过与欧洲技术领先的公司机构的密切合作，整合全球资源，为全球客户提供性价比更高的产品和服务。

主要业务范围有：淀粉工程/技术/设备、蛋白工程/技术/设备、纤维工程/技术/设备、食品工程/技术/设备、水务工程/技术/设备、流体工程/技术/设备、粉体工程/技术/设备、固液分离工程/技术/设备。

泰德康科技集团下属的独资及合资公司有：安徽泰德康农业科技发展有限公司、安徽瑞德华机电设备有限公司、安徽丹福斯生物技术有限公司、内蒙古泰德康农业有限公司、上海德泰-赛德力节能环保有限公司、印尼SGT有限公司、泰国SGT有限公司、丹麦丹福斯技术有限公司、安徽丹泰仕机电设备有限公司。

参考文献

[1] 佟屏亚，等. 马铃薯史略[M]，北京：中国农业科技出版社，1991.

[2] 陈萌山，等. 马铃薯简史[M]，北京：中国农业出版社，2020.

[3] 金黎平，等. 马铃薯产业与美丽乡村[M]，哈尔滨：黑龙江科学技术出版社，2020.

[4] 陈桂朝. 马铃薯传奇[M]，武汉：华中科技大学出版社，2014.

[5] 于天峰. 马铃薯淀粉的糊化特性、用途及品质改良[J]. 中国马铃薯. 2005，19（4）：223-225.

[6] 谭秀环，李长乐，史海慧，等. 论马铃薯淀粉特征及应用现状[J]. 粮食问题研究，2018，221（05）：26-29.

[7] 袁文月. 马铃薯淀粉特性及其综合应用[J]. 现代食品，2018，5（15）.

[8] 蒋益斌. 从丹麦KMC公司的经营看如何提高中国淀粉企业的综合竞争力[D]. 上海：上海交通大学，2003.

[9] 今日头条“薯界风云”对马铃薯淀粉产业扶贫的系列报道. https://profile.zjurl.cn/rogue/ugc/profile/?version_code=813&version_name=80103&user_id=50545428100&media_id=50545256724&request_source=1&active_tab=dongtai&device_id=65&app_name=news_article&share_token=966de5f7-3609-44d1-b8c1-2e1be4ffe428&tt_from=copy_link&utm_source=copy_link&utm_medium=toutiao_android&utm_campaign=client_share.

跋

据农业农村部统计数据，近年来我国马铃薯种植面积均在8000多万亩，产量9500万吨左右，无论从种植面积还是产量，均占世界总量的四分之一；马铃薯产业是关系“粮食安全”“食品安全”“兴边富民”战略的重要产业，也是“西北”“东北”“华北”及“大西南”、老少边穷地区的主栽作物和支柱产业，覆盖15个主产省区、6000多万薯农。马铃薯产业也是国内精准扶贫产业，马铃薯及马铃薯加工业历来都受到党和国家领导人及相关部门的支持和重视。解决好马铃薯出路问题将带来显著的社会、经济和政治效益。

国家把马铃薯列为第四大主粮，给产业发展带来了更多的机遇，马铃薯加工业已成为中国为数不多的，具有国际竞争力的农业产业和朝阳产业。而马铃薯淀粉加工业，占整个马铃薯加工业的80%，是整个产业的托底产业，30年来我国已经形成了200多万吨的产能，60万~70万吨的马铃薯淀粉实际加工转化量，加上近40万吨的“三粉”（粉丝、粉条、粉片），每年淀粉及淀粉制品在100万吨左右，加工转化马铃薯近800万吨，为马铃薯产业的健康发展起到了积极的推动作用。

2020年年初，一场疫情改变了人们的许多生活方式、消费方式，不同的行业出现了冰火两重天的变化，作为协会的工作人员，我们也在深度思考所从事的马铃薯淀粉加工业发展的历程、产业现状（原料、生产技术及工艺、市场、环保、产业政策等）、发展趋势及未来展望等；在3月份，我和“土豆记者”张煜的一次闲聊中，谈到中国马铃薯淀粉加工从20世纪90年代初起步，风雨兼程走过了约三十个年头，值得我们静下心来总结一些东西，随后我们一拍即合，在征得周庆锋会长的大力支持后，随即下定决心写一本《马铃薯淀粉产业激荡发展三十年》，作为2021年协会的换届之年送给大家的一份珍贵资料。

艰难困苦，玉汝于成。三十年来，薯风云起，马铃薯淀粉加工业在国家相关产业政策的扶持下，栉风沐雨，砥砺前行，走出了一部自强不息的奋斗史，走出一部锐意进取的发展史，为马铃薯产业发展书写了浓墨重彩的一笔。我们有必要梳理、记录一下这一段风雨兼程、不平凡的产业发展历程，探究马铃薯淀粉加工业从土作坊到全自动化生产的发展经历，梳理各地区对马铃薯产业及淀粉加工业的税务政策、环保政策、扶植政策等内容。我们通过总结一些产业发展的规律，以探求马铃薯淀粉人孜孜以求的努力目标及产业发展未来方向。

本书共分十个篇章，包括历史篇、设备工艺篇、原料产区篇、产业政策篇、环境技术篇、市场应用篇、发展篇、效益篇、协会服务篇、重点企业篇等；在走访和整理资料过程中，得到了中国淀粉工业协会魏旭明秘书长、孙明导副秘书长，产业各界朋友、企业家的大力支持和帮助，在此深表感谢！张煜记者也不辞辛苦，多次深入到国内四大马铃薯淀粉主产区进行采访、实地调研，走遍了国内80%以上的马铃薯淀粉加工企业，付出了辛勤的劳作和大量的心血，得到了弥足珍贵的第一手资料。

沧海桑田。三十年来，马铃薯淀粉加工业发生了深刻的变化，但不变的是什么？是我们国家对马铃薯产业的大力支持政策不断深化，无论是“双反”贸易救济政策，还是所得税和增值税进销项拉平等税收政策及各地出台的产业扶持政策都使我们的加工业享受到了实实在在的支持；每一次的技术进步及工艺升级都会带动马铃薯加工业产能、加工工艺及生产技术、产品质量的提升；我们马铃薯淀粉人用工匠之心，全力打造全进全出的综合利用模式，在产业扶贫、乡村振兴中大显身手；同时也进一步促进马铃薯淀粉加工业不断向绿色、清洁、可持续发展，以及产业向未来的规模化、集约化、集团化、现代化产业方向发展等。

我们有理由相信：只有全面提升我国马铃薯加工转化量，促进产业高质量发展，使马铃薯产业与市场更有效地对接，中国马铃薯产业一定能走上腾飞之路。

征途漫漫，唯有奋斗。我们期待下一个更加美好的三十年，马铃薯淀粉加工业一定会更加美好！

高瑞

2021年3月10日

后记

庚子年年初，我计划为马铃薯产业再写点什么。于是，将这一想法和中国淀粉工业协会马铃薯淀粉专委会高瑞秘书长进行了沟通。他建议我为马铃薯淀粉行业写份30年的“总结与回顾”。

从2012年我开始负责《中国食品报・马铃薯产业》版面的采写到近两年做自媒体，一直都在关注和报道马铃薯产业，我对马铃薯有深厚的感情。近几年来，虽然对马铃薯淀粉行业零零散散写过一些评论和报道，但从未进行过系统的整理和写作。

高瑞秘书长的建议给了我很大的启发。于是，我俩进行了多次的探讨后初步拟定了写作大纲和篇章布局，然后向中国淀粉工业协会马铃薯淀粉专委会会长周庆锋作了汇报并征求了写作意见。

周庆锋会长指出，我国现代化的马铃薯淀粉加工业肇始于20世纪80年代末90年代初，即从欧洲全套引进先进设备为开端，迄今走过了30年的发展历程。30年来，中国的马铃薯淀粉产业迅猛发展，一日千里，工艺技术和设备制造逐步媲美欧洲，马铃薯淀粉加工产能追平了欧盟马铃薯淀粉产业发展百年的产能总量。与此同时，马铃薯淀粉加工业多年来一直是支撑马铃薯销售的兜底产业，也是帮助数千万薯农脱贫致富的扶贫产业。因此，马铃薯淀粉加工业大有文章可做。

周庆锋会长的指导和鼓励给了我写作以巨大的勇气。

随后，便开始一边阅读各类相关书籍，搜集素材和整理资料；一边列采访计划，忙碌且充实。

在编写过程中，高瑞秘书长撰写并提供了很多翔实且珍贵的一手资料；博思达公司马斌先生亲自编写了国内马铃薯淀粉加工机械设备制造业的基础资料；国家马铃薯产业技术体系呼和浩特综合试验站站长、内蒙古马铃薯乡村振兴战略实施首席专家郭景山博士提供了全国主要产区马铃薯的种植及生产情况；边凤忠先生接受采访时详细介绍了宁夏固原地区马铃薯淀粉加工业如何从“手工作坊”迈步到“全自动化操作”的发展历程；李长春先生讲述了东北马铃薯淀粉产业的梗概及讷河淀粉厂的前世今生；杨俊萍女士整理了马铃薯及马铃薯淀粉方面的税收优惠及补贴政策；朱喜先生为本书拍摄了创意图片；张利彬先生、王俊彪先生提供了数张高品质图片；企业老总们接受了我面对面、电话、微信等不同形式的采访，并对我的写作工作给予了很大的支持和理解……对以上为图书编写助力的诸君深表谢意！

近年来，“青山绿水”理念深入人心，“清洁生产、绿色制造”成为马铃薯淀粉加工业发展的方向。为此，本书专门设立了“环境技术篇”，并邀请中国轻工业清洁生产中心研究员薛鹏丽博士撰写，她从专业角度解读了国家的环保政策，介绍了国际同行的环境污染治理模式，并探析适合西北、华北、东北、西南各加工区的环境污染治理模式和方案，给产区企业的环境污染治理以启示和指导。

有人说，写作是记录，是思考，更是成长。

诚然如此，在一年多的阅读、采访和写作之旅中，我对马铃薯淀粉产业由泛泛的一知半解逐步有了更为深刻的认知和了解：原来淀粉与我们的生活息息相关，从早晨的第一杯牛奶起，我们几乎都没离开淀粉及淀粉衍生品的相伴。所以，淀粉改变生活，也让生活变得更加美好！

张煜

2021年3月26日于塞北青城